武汉东湖学院2022年校级教学研究项目"后疫情时代艺术设计专业大学生创新创业教育教学研究"（项目编号：220002）成果

艺术设计专业大学生
创新创业教育教学研究

李青蓝　著

WUHAN UNIVERSITY PRESS
武汉大学出版社

图书在版编目(CIP)数据

艺术设计专业大学生创新创业教育教学研究/李青蓝著.—武汉：武汉大学出版社,2024.8(2025.2 重印)

ISBN 978-7-307-24350-7

Ⅰ.艺…　Ⅱ.李…　Ⅲ.大学生—职业选择　Ⅳ.G647.38

中国国家版本馆 CIP 数据核字(2024)第 075644 号

责任编辑:沈继侠　　　责任校对:鄢春梅　　　版式设计:马　佳

出版发行:**武汉大学出版社**　　(430072　武昌　珞珈山)

(电子邮箱:cbs22@whu.edu.cn　网址:www.wdp.com.cn)

印刷:湖北云景数字印刷有限公司

开本:720×1000　1/16　印张:11.25　字数:182 千字　插页:1

版次:2024 年 8 月第 1 版　　2025 年 2 月第 2 次印刷

ISBN 978-7-307-24350-7　　定价:58.00 元

版权所有,不得翻印;凡购我社的图书,如有质量问题,请与当地图书销售部门联系调换。

前　言

自 2015 年国务院办公厅印发《关于深化高等学校创新创业教育改革的实施意见》以来，一些省市相继颁布相关政策，希望以此促进高等院校创新创业教育领域的发展和完善。随着政府对大学生创新创业教育重视程度的日趋深入，创新创业教育已经成为高校教育教学内容的重要组成部分，将创新精神、创业能力纳入专业人才培养目标，把创新创业教育成果纳入人才综合素质评价指标体系已经成为高等院校教育的重要趋势。

创新创业教育的核心目的是面向社会发展需求，培养出具备创新精神和创业能力的综合型人才，可以将其看作实用教育的一部分，不仅强调对大学生创新创业意识和创业能力的培养，还需要面向成功创业以及打算创业的社会群体，开展分层次的创新思维培养和创业能力锻炼。就目前来看，我国在大学生创新创业教育中取得了一定成果，但是也存在着一些明显的问题：

第一，大学生创新创业意识淡薄。很多高校并没有对创新创业教育课程进行宣传，加上薄弱的社会基础和不健全的创新创业教育体系，导致创新创业教育无法得到有效开展和实施。

第二，创新创业教育资源不足。目前的大学生创新创业教育缺乏相应的网络教学教室和实践基地，也没有高素质的师资队伍作为支撑，影响了大学生创新创业教育的实施效果。

第三，创新创业理论与实践脱节。一方面，大学生创新创业教育依然沿用传统的课堂教育模式，教师本身也缺乏创新创业经验；另一方面，部分高校虽然建立了实践基地，但却没有做好后续创新创业教育实践教学的具体实施工作，导致参与实践的学生数量十分有限。

目前，国家与政府层面非常重视大学生创新创业教育中存在的问题，党的十九大报告指出，创新是引领发展的第一动力，是建设现代化经济体系的战略支撑。党的二十大更是进一步指出创新发展战略的意义和重要性，提出要坚持创新在我国现代化建设全局中的核心地位，提升国家创新体系整体效能。要加快实施创新驱动发展战略，加快实现高水平科技自立自强，以国家战略需求为导向，集聚力量进行原创性引领性科技攻关，坚决打赢关键核心技术攻坚战，增强自主创新能力。要深入实施人才强国战略，坚持尊重劳动、尊重知识、尊重人才、尊重创造，完善人才战略布局。习近平总书记的指示给我们高等教育工作者提供了很好的指引。建设社会主义现代化强国，要更加深入地把创新创业教育贯穿整个培养过程，培养有创新创业意识和能力的时代新人。尤其重要的是，要推动教育教学改革，在第一课堂培养大学生的创新意识，培养大学生创新创业的使命感和责任感。

这些纲领性的文件为大学生创新创业发展做好了顶层设计，是大学生创新创业教育的指导思想，大学生创新创业教育是国家实施创新驱动发展战略的重要资源，也是社会持续创新发展的重要基础。这一新常态的创新驱动在推动经济发展中发挥着重要作用，同时随着经济改革的逐步深入，经济结构调整也将面临前所未有的难度，这也意味着大学生将面临着严峻的就业压力。教育部统计数据显示，2023 届全国普通高校毕业生规模预计达 1158 万人，创下历史新高。① 一些省市和高等院校的硕博研究生毕业人数甚至首次超过本科毕业人数。大学生就业形势非常严峻，就业压力非常大。政府号召深入推进"大众创业、万众创新"战略，在此背景下，各高等院校系统开展大学生创新创业教育，是适应国家转变经济发展方式，实施创新驱动发展战略，进一步深化高等教育教学改革，促进大学生全面发展，通过创业带动就业，缓解就业压力的重要途径。

大学生创新创业教育职业核心能力的塑造将会是一个持续完善的过程，它需要社会、企业、高校和大学生等共同建设一个积极向上的创新创业生态系统。高等院校创新创业生态系统既需要课程资源、实践平台等资源的支持，更需要社会

① 2023 届高校毕业生预计达 1158 万人，将取消就业报到证［N］. 北京时报，2022-11-16.

主义核心价值观的引领，为大学生创新创业学习和实践提供系统化、专业性的创新创业核心能力教育体系，逐步形成大学生创新创业教育的良好氛围，让大学生创新创业成为积极主动的自觉行为。作为高等院校的教育工作者，我们会持续探索，充分发挥高水平应用型大学的国家重要战略科技力量的作用，为高水平科技的自立自强，为我国创新型国家建设战略培养更多高质量的建设者和接班人。

21世纪全球化浪潮下，知识经济时代已经到来，国际上已经基本达成创新创业型人才是第一战略资源的共识。创新创业是经济发展的新引擎，是经济发展的不竭动力，而教育则是激活和催生这一动力的重要途径。作为未来经济社会重要建设者的大学生是构建未来创新创业型社会的一支不可或缺的生力军，其职业核心能力、职业生涯规划都将影响中国科技的复兴。

其中，艺术设计类大学生独特的艺术创造能力和专业实践经验为其创新创业奠定了良好的基础，提升艺术设计类大学生的创新意识和创业能力，促进其创业成功率，不仅缓解了主体就业压力，顺应了社会对不同人才的需求，也为促进地方文化创意产业发展，为高校探索艺术设计类人才创新创业培养模式，为艺术设计类大学生实现自我价值起到了积极的推动作用。

艺术设计类大学生所学的专业大多涉及网络、影视、动漫、设计、传媒、服装等领域，是我国文化创意产业发展的主要领域。促进艺术设计类大学生创新创业对加快文化创意产业发展，打造城市竞争力均有重要的现实意义。基于此，本书重点对艺术设计类大学生职业核心能力要求、就业特点和成因分析进行了认真的研究，解读阻碍艺术设计类大学生的职业发展能力提升的影响因素，分析艺术设计类大学生职业生涯规划的主要路径，并通过一些典型案例分析，梳理"新思潮"下艺术设计类大学生创新创业的特征，为有效提升艺术设计类大学生创新创业能力提出了设计创业的创新模式，并对未来高等院校艺术设计类大学生创新创业方向进行了新的思考，对构建我国高等院校创新创业教育体系进行了认真的文化审视。

本书不仅能够引领高等院校创新创业教育创新价值的导向性和创业方向的正确性，也力求探索高等院校艺术设计类大学生创新创业过程中的意义，完善创新创业教育教学模式，打造创新创业教育的"升级版"，把握艺术设计类大学生创新创业实践的共性特征，从一定意义上能为潜在的创新创业者提供创业路径和方法思考。本书的内容多为笔者近年来在高等院校开展及有效实施创新创业教育工作中的研究及学习心得，以及指导学生毕业设计或参加创新创业大赛的成果，并吸收了国内外同行的大量研究成果。本书可作为高等院校艺术设计专业教师、学生的参考用书。

　　当然，由于本人水平有限，不妥之处在所难免，敬请各位专家学者批评、指正。

目　　录

第一章　大学生创新创业教育概述

第一节　大学生创新创业教育概述

通常认为美国是创新创业教育的发源地，1949 年哈佛大学为工商管理硕士学生开设的职业技能培训等课程被认为是创新创业教育的开端；1951 年出现了世界上第一个位于大学附近的高科技工业园区——斯坦福研究园区；到了 20 世纪后期，美国硅谷创业奇迹的出现更是让创新创业教育受到前所未有的关注，这一热点甚至蔓延到全世界。1991 年，东京创业创新教育国际会议将"创业创新教育"从广义上界定为开拓进取精神、冒险精神、创业能力、独立工作能力兼备并且具有开创性个性的人才培养模式。

不同国家对于创新创业教育的概念也不尽相同，以美、英、德、日四国进行对比：美国认为创新创业教育是通过创新意识培养、创业知识传授、创新创业过程参与，让大学生获得将来从事职业所需的知识、技能和特质，甚至能像企业家一样思考和行动。早在 1967 年，全球闻名的美国百森商学院就首次开办创业管理课程，标榜"创新、不怕冒险、追求进步、不断超越自身"，并且不断尝试创新创业教育与其他不同学科之间进行研究合作，这种超前创新创业教育意识为百森商学院的学生带来与时俱进的发展动力。英国认为创新创业教育的本质是对创业行为的规律总结，一方面让学生获得创业这一未来职业选择的自由，另一方面让学生能够适应时代发展要求革新自身的心理、个性和能力。英国至少有 45% 的学校开设有完备的创新创业教育体系，充分的政府支持、合理的教育管理机制、完善的各阶段教育，即启蒙教育、通识教育、专业教育，是创新创业教育成功开展的重要保证。相较英国的些许功利，德国一直秉承着素质教育的理念，认为创新创业教育是培养大学生进行各类实践活动所需意识、精神、能力的素质教育，创业实践则是最基本的教学形式。日本的创新创业教育呈现多样化、个性化的发展特点，并将其大致划分为四种模式：创业家专门教育型、企业家精神涵养型、经营技艺综合培养型、创业能力辅助专业型。

我国的创新创业教育起步很晚，我国的大学生创新创业教育是20世纪才诞生的新兴教育理念，本质是以创新精神和创业能力为培养目标的素质教育，其内核具有浓厚的人本主义特点。从广义上看，大学生创新创业教育是培养创新型人才、开创新事物的教育；从狭义上看，大学生创新创业教育可以理解为既能培养出自雇就业创造新工作岗位，又能培养出他雇就业适应旧工作形式的一种教学模式。因此，大学生创新创业教育与其他创业培训不同的是，其始终把大学生放在主导地位，尊重主体性的发扬和个体主观能动性的发挥，培育出创新精神和创业能力兼备的高素质人才。对于受教育者个体而言，大学生创新创业教育不仅提升了自身知识储备和创业技能，还通过创新创业行为开拓事业并达成了个人价值的实现；对于社会而言，大学生创新创业教育不仅通过创业解决就业，更是为社会培育出大批的高素质人才。

目前，我国的大学生创新创业教育呈现以下几个特点：

1. 全面加强大学生创新创业教育已经成为高等学校的普遍共识

开展创新创业教育是高等院校积极响应国家创新驱动发展战略的重要举措，同时也是高校提升人才培养质量、就业质量的现实需要。随着国家关于"大众创业、万众创新"政策的发布，各级各类高校的教育理念正在由传统的知识传授向培养大学生创新创业意识、激发创新能力转变。2016年8月，清华大学发布的《关于深化创新创业教育改革的实施方案》把创新创业教育作为学校全面深化改革的重要内容。张超等学者根据伯顿·克拉克的"创业型大学五要素模型"，对清华大学的创新创业教育进行分析，认为清华大学具有强力支持创新创业教育的政策制度，国际化的办学制度使清华大学在创新创业教育领域有着先进的教学理念和课程教学。浙江大学重视创新创业人才的培养，并把创新创业教育列入教育改革的首要任务，依托在科技创新、人才资源、成果转化平台和创业基地等创新创业生态建设方面的优势，持续改革创新创业教育体系，探索出了"基于创新的创业"——IBE 教育模式。

从相关文献可以看出，提升大学生创新创业教育质量是当前各类高校对创新创业教育的一致性目标，虽然各高校的具体着力点会有所不同，如有的高校注重从完善管理制度入手，重点推进教师队伍建设和完善教学体系；有的高校注重从完善人才培养机制入手，重点推进人才培养模式改革和校外实习基地建设；相对于普通本科院校来说，高职院校则更加注重大学生的职业适应性培养。但总体来看，各高校大学生创新创业教育的理念具有一致性，都致力于提升学生的创新精神和创业能力。而且，从创新创业教育这一目标的实现路径来看，大学生创新创业教育与"互联网+"背景相契合，提倡以互联网平台来完善高校创新创业教育体系，利用互联网平台来推进大学生良好的创新意识、创新能力的培养将成为高等院校未来推进大学生创新创业教育较普遍的做法。

2. "理论+实践"是现今大学生创新创业教育的主要模式

高等院校在构建大学生创新创业教育体系的主要措施时，主要运用的是理论与实践相结合的教学模式。"理论+实践"模式是指教师在教学过程中坚持把基本理论知识的学习与大学生的社会性实践环节相结合，即通过加强校企合作协同育人等方式，让学生把学习到的理论知识应用到企业实习实践中。专业教师在教授专业理论知识的同时，应适当开展模拟实训，让学生把学到的理论知识在实践中得以运用，以提升其创新创业的能力，将实际项目教学融合到创新创业教育中。该模式通过整合教育资源，以项目参与为抓手，设计或选择部分商业性项目，在专业教师的带领下，让学生参与实际项目的经营与运作，通过"干中学""学中干"的方式培养学生的创业理念与创新技能。大学生创新创业教育实行校企合作协同育人的手段，不仅可以让高校为企业提供人力资源保障，而且可以达到企业为高校完善人才培养体系建设提供实践锻炼平台的双赢效果。从已有研究可以发现，目前大学生创新创业教育领域已经从高等院校的内部逐渐扩大到社会层面，学生通过在高校内接受创新创业理论知识的深度学习，再通过参与校外公司、企业项目实践进一步得到磨炼与升华，这已经逐步定型为提升大学生创新创业能力的主要模式。

3. 实行个性化教学是推动大学生创新创业教育的重要路径

大学生创新创业教育作为一个独特的教育体系，外部驱动力源于政府、高校和社会的协同作用，而内部驱动力则依赖于创新创业教育的主体对象——大学生群体的主观能动性。由于高等院校开展创新创业教育的所有活动都是围绕大学生群体展开的，因此，大学生的主观思维意识、学习需求驱动等要素才是影响大学生创新创业教育实施成效的关键性因素，也是高等院校实施恰当的教学方式、科学的教学内容的重要依据。在"互联网+"背景下的大学生创新创业教育中，只有充分把握大学生的兴趣爱好、尊重学生个性发展方向，为每位大学生提供有针对性的培养方案和教学内容，才能真正调动学生学习的自觉性和积极性，才能从根本上提升创新创业教育质量，否则会导致创新型人才的培养不足。当下，互联网技术的快速发展正在颠覆传统课堂教学方式，并由此创设了更加丰富的学习资源、更加便捷的学习条件、更加灵活的学习方式和更加开放的学习空间，为因材施教、个性化学习的实现提供了更加便利的条件。以"互联网+"为背景的大学生创新创业教育的培养目标就是将培养的人才内化到社会的需要中去，高等院校应充分利用"互联网+"这一时代背景优势，使大学生创新创业教育与互联网平台相结合，培养出符合时代特征的、具有创新意识和创新能力的创新型人才。

4. 构建与互联网技术相融合的大学生创新创业教育平台是重要方向

互联网技术为高等院校满足多元化的社会需求、开展教学改革与创新提供了崭新平台。高等院校师生应该熟练掌握大数据互联网技术，把创新创业教育与互联网有效结合，以提升高校大学生创新创业意识和创新创业能力。互联网技术可以实现各类学科教育资源的整合与共享，从而为大学生提供实时的资源库，进行高效且及时性的指导帮助，实现创新创业意识的启蒙和专业知识的加固。互联网平台更是可以为大学生提供丰富的创新创业教育在线课程、项目作品资源、企业资源和各类专业库，实现资源共享。互联网信息技术还可以为创新创业教育的教学与实践提供无限可能，在未来实践中，高等院校还需要结合现实校情，不断优化"互联网+"大学生创新创业信息平台的功能设计，积极推动从理论构架到现实的实践应用，完善创新创业教育教学体系。

5. 建立专兼职相结合的师资队伍是大学生创新创业教育的根本保障

教师是推进大学生创新创业教育的关键因素。有学者(巫俊强，胡新元，王银珊，2022)对高校教师应具备的素质进行一个比较系统的探讨，一是系统分析了"互联网+"背景下当代大学教师应具备的基本素质。教师是否思维活跃，是否具备创新意识、创新能力以及过硬的信息技术知识和能力，是否具有实际创新创业的经验等，是考查高等院校教师基本素质的主要指标。二是提出高等院校创新创业教师队伍的建设路径。高校创新创业教育师资队伍应以能够开展互联网技能、创新创业基础理论知识指导的专职教师为主体，大力引进具有社会资源和项目的创业专家及行业实践人才作为兼职教师，通过行业专家引领大学生进行创新创业实践活动，让学生能够融入具有前沿技术和最新创意的社会环境中，着力提高学生的创新创业能力。与此同时，高等院校还应聘用与学生创新创业领域方向相匹配的兼职教师，进一步开拓相关领域教学资源，营造良好的创新创业教育环境，建设好一支能够满足学生创新创业需要的师资队伍。

第二节　中外大学生创新创业教育现状

一、国外大学生创新创业教育现状及特色

(一) 美国

美国创新创业教育已有 60 多年的历史，创新创业精神的倡导及创新创业教育的实践对美国经济飞速发展起到了举足轻重的作用。纵观美国创新创业教育的发展进程，总体经过了萌芽、探索、发展和完善四个阶段。

20 世纪 70 年代以前是美国创新创业教育的萌芽期，由于缺乏创新创业教育成长的社会环境，对创新创业教育的需求较弱，使得高校创新创业教育并没有得到很好的发展，创新创业教育课程目标局限于为小企业和创业者创造财富。20 世纪 70 年代美国进入创新创业教育的探索期，受中东石油危机的影响，美国经济结构发生转型，大公司大量裁员，失业人口不断增长，使得政府积极寻求机会创造工作岗位，市场对创新创业知识及技能培训的需求推动了创新创业教育进入全面探索阶段。同时，风险投资公司作为职业领域开始运作，为创新创业活动提供大量的资金支持，极大地激发了人们的创新创业热情，促使美国高校开始重视创新创业教育。到 20 世纪八九十年代，美国创新创业教育进入发展阶段，政府通过立法、经济资助、科研投入、颁发指导性文件等一系列政策，推动了创新创

业活动的繁荣和创新创业教育的发展。这一时期，开设创新创业课程的院校从1980年的163所增加到1999年的1100所，许多大学还开设了创业学和创新创业研究专业。

进入21世纪以来，美国创新创业教育进入逐步完善和良性循环阶段，政策法律环境与社会支持网络都在日益完善，开设创新创业课程的大学呈现爆发式增长，开设创新创业教育课程的院校在2003年年初达1600多所，共开设2200多门创新创业教育相关课程，有227个创新创业教育捐赠席位、100多个创新创业教育中心。至2007年，提供2年制和4年制的创新创业课程已超过5000门，[①]创新创业教育在美国得到快速的发展。目前，创新创业教育已成为美国高等教育发展最迅速的学术领域之一，形成了完整且各具特色的教学计划和课程体系。

1. 美国大学生创新创业现状

(1)美国的社会文化为大学生创新创业提供了良好的外部环境。美国人特有的"开拓精神""牛仔精神"以及对于财富的追求，成为美国大学生创新创业所特有的精神。美国不仅有适合创新创业的文化环境和市场环境，也有一批有动力、有能力创新创业的青年。

(2)美国的大学生创业意愿高、创新创业人数多。美国"考夫曼企业领导中心"研究发现，每12个美国人中就有一个人期望开办自己的企业，91%的美国人认为创办自己的企业是"一项令人尊敬的工作"。[②] 美国大学生在良好的创新创业氛围的熏陶下，受到良好的创新创业教育，积极参加创新创业活动的人数越来越多。

(3)美国的创新创业大学生主要集中在100多所理工大学，他们普遍以技术为核心，致力于科学技术向生产力的转化。可以说，近二三十年来，美国高科技产业的迅猛发展在一定程度上得益于高校科技创业活动的兴起。如麻省理工大学的教师和学生以自身的技术优势，在128公路两旁创办了一批生物技术公司，使该地区成为全美最著名的生物技术走廊；再如斯坦福大学师生、校友的创新创业

---

① 美国是如何进行创新创业教育的［EB/OL］.（2019-12-26）［2023-03-27］. https：//www.sohu.com/a/362872671_781087.

② 莫寰.基于机会的创业过程和创业激发研究［J］.现代商业，2007（12）：170-172，169.

活动提高了硅谷的创新创业活力，他们创办的企业产值约占硅谷总产值的 50% ~ 60%。

（4）美国的大学生创新创业成功率高。美国的大学生创新创业活动为社会创造了大量的财富，为美国人提供了大量的工作岗位，给美国的经济发展注入了活力，推动着美国经济的持续、健康发展。

2. 美国创新创业教育特色

（1）前瞻性的创新创业教育理念。在社会本位的高等教育价值观影响下，结合多元化社会文化特点，美国大学根据自身使命和现实社会准确定位，形成各具特色的创新创业教育理念，呈现多元并存的现状。如美国百森商学院的创新创业教育思想是为了培养学生创业者的素质，特别是创新精神和创业能力，着眼于为未来的几代人设定"创业遗传代码"，以造就"最具革命性的创业一代"。哈佛大学商学院向来被视为美国企业界的"西点军校"，他们认为创新创业教育教会学生的不仅仅是"战略和流程"，而是一种"生活方式"与"思考习惯"，要求学生具有创新意识和创业精神，让学生成为改变世界的人物，让他们可以驾驭新思想、创造市场和新的就业机会。尽管美国每所大学创新创业教育的理念各不相同，但都有明确而长远的创新创业教育理念，即创新创业教育不仅教授给学生创新创业过程所需要的技能与知识，更要培养创新创业过程中所需要的胆识和能力，创新创业教育始终坚守"为每个学生的自由发展服务的承诺，为学生将来的生活选择、职业发展作准备，以适应社会经济和国家发展的需要"。

（2）立体化的创新创业支持环境。美国大学生创业计划大赛①是帮助学生从大学走向市场的捷径。作为最能体现创新创业教育课程特征的活动，创业计划大赛一直受到美国高校教师和学生的青睐。美国的创业计划大赛采用市场运作的模式，学生参加创业计划大赛一方面可以获得创业计划大赛经验和不菲的奖金，另一方面有机会从经验和反馈中学习。目前，一大批对美国经济发展作出重要贡献，并且成为高科技企业领军人物的人都曾是创业计划大赛的获胜者，如苹果、

---

①　创业计划大赛也称为商业计划竞争，首届商业计划竞赛于 1983 年在德州大学奥斯汀分校（The University of Texas at Austin）举办，这是美国乃至全世界范围内商业计划竞赛的起源。参见中美大学生创业支持体系比较研究[D]. 郑州大学，2012：15。

雅虎、戴尔的创始人等。目前，利用实验室创新科技成果，依托创业计划大赛的平台进行创业已经成为美国大学生创新创业的重要途径。

美国大学科技园也是支持大学生创业的重要手段。自1951年斯坦福大学创办第一个科技园并成功运行以来，美国大学科技园正逐渐发展成为产学结合的重要基地、高新技术企业的孵化园地、高科技企业的技术创新平台和创新创业人才培养的摇篮。美国大部分大学科技园为初创企业提供了一系列的商业服务。

（3）系统性的创新创业课程设置。美国教育市场比较开放，没有统一的、由政府规定的创新创业教育课程设置，每所学校根据各自区域的认证机构的标准开设课程，因而创新创业教育的课程名称各不相同。但高校创新创业教育课程紧扣整个创新创业过程，具有系统性、科学性，有效保证创新创业教育目标的实现及教育理念的落实。针对不同层次的课程目标，美国高校开设不同类型的课程，包含激发全体学生创新创业意识的课程、教授创新创业基本知识的课程和致力于实际创业的专门课程等；针对不同的授课对象，美国高校也开设了针对本科生、研究生和博士生的层次多样的创新创业课程；针对不同的课程内容，开设理论课和实践课，理论课程将创新创业过程中所涉及的知识进行整合，实践课程中以理论知识为基础，通过撰写商业计划书、参与创业计划大赛等活动，体验整个创业过程。美国高校创新创业教育通过将各个类型的课程进行系统规划和设置，有利于实现课程的针对性和实效性，为学生营造了贯穿整个教育过程的全方位立体式创新创业教育氛围，真正实现"活在创新创业精神"中。

（4）多功能的创新创业教育中心。创新创业教育中心是为开展创新创业教育而成立的，它提供创新创业方面的学术课程，开展外延拓展活动及进行创新创业领域的研究，成为美国高校创新创业教育的基地。创新创业教育中心的发展依托传统院系，既保证了稳定的师资、经费和课程等供给，也能有效地跨越传统学术边界，成为高校与外界联系的重要纽带。这些中心在运行过程中打破大学传统的组织结构，跨越人为划分的学科边界，更有效地调动跨学科资源，使学生能更加灵活地适应需求变化。

目前，美国有150多个创新创业教育中心，具有代表性的是全美创业中心（National Consortium for Entrepreneurship Centers，NCEC），旨在提供信息共享的渠道，开发创新创业教育合作项目，提升创新创业中心品质，为美国大学创新创业中心的发展提供合作的平台。每个院校的创新创业教育中心都有自己的使命，如麻省理工学院创新创业中心附属于斯隆管理学院，通过招收具有技术背景的学生来实现商业和技术的结合，该方式使麻省理工学院毕业生创办的公司，绝大部分能应对市场风险并生存下来。斯坦福创业网络（SEN）帮助各院系及其师生与硅谷的其他创业"社区"联系，保证了斯坦福大学二十多个创新创业相关项目的交流与合作，同时能与商学院合作，向学生提供跨学科的课程。

3. 美国创新创业教育模式分析

美国高校创新创业教育之所以得以迅速发展，主要得益于其不断探索与院校发展目标相一致的、行之有效的创新创业教育模式。美国高校开展创新创业教育主要遵循两条轨迹：一是以建设创新创业学学科为目标的发展路径。教学活动多在商学院和管理学院进行，培养专业化的创新创业人才，多采用聚集模式（Focused Model）。二是以提升学生创新创业素养和创业能力为本位的发展路径。主要模式如下：

（1）聚集模式。"聚集模式"是传统的创新创业教育模式，将创新创业学作为一门独立的学科在商学院和管理学院开设，学生经过严格筛选，课程内容呈现出高度系统化和专业化特征，创新创业教育所需的师资、经费、课程等都由商学院和管理学院负责，学生严格限定在商学院和管理学院。这种纯粹性决定了"聚集模式"创新创业教育能够系统地进行创新创业方面的教学，其毕业生能真正从事创新创业活动的可能性及比例很高。哈佛大学的创业教育更是被誉为美国创业界的"伊甸园"。哈佛大学的创业教育全面综合，几乎囊括了各行各业，50%的哈佛商学院毕业生在毕业后10—20年内都成为了企业家。

（2）磁石模式。采用"磁石模式"进行创新创业教育的高校相信创新创业行为不仅是商学院学生的专利，商学院以外的学生也能够创业。目前，针对全校学生开展创新创业教育的院校中采用磁石模式的比例非常高。该模式的创新创业教育往往先在商学院和管理学院成立创新创业教育中心，通过整合所有资源和技术吸引来自全校范围内的、不同专业背景的学生，具有很高的开放性。大部分创新创业教育课程适合各种专业背景的学生，如果学生对创新创业感兴趣，则可以修习创新创业课程，也可以根据自身情况和兴趣辅修创新创业课程。整个项目的发展依托商学院和管理学院的资金、师资、校友等，创新创业教育中心负责整个项目的规划和运行，既能整合有限的资源，打造优质创新创业教育项目，也有利于吸引新教师参与，促使校友募捐顺利进行。

磁石模式的典型代表院校是百森商学院，该学校因适应全球环境变化的创新创业文化而世界闻名。百森商学院已经连续 16 年被《美国新闻与世界报道》（*U. S. News & World Report*）评为世界第一，是当之无愧的高校创新创业教育领导者，引领美国乃至全球创新创业教育的发展。百森商学院的创新创业教育工作主要由阿瑟·布兰克创业中心（The Arthur M. Blank Center）承担，该中心通过创新的课程方案和全球合作研究来扩展创新创业教育形式，激励创新精神和创业行为。百森商学院在 1967 年开设了全球第一个创新创业管理研究生课程，1968 年第一次在本科教育中增加了创新创业方向。经过几十年的发展，百森商学院已经形成了完善的创新创业教育课程体系，被誉为美国高校创新创业教育课程化的基本范式。

（3）辐射模式。"辐射模式"是一种全校性的创新创业教育模式，其发展理念为：不仅要创设良好的氛围为非商学专业学生提供创新创业教育，还应该鼓励不同学院的教师积极参与创新创业教育过程。在管理体制上，学校成立了创新创业教育委员会，负责协调和指导全校范围内创新创业教育的开展；所有参与学院要负责实质性的创新创业教育和活动，根据专业特征筹备资金、师资和课程等。该模式与磁石模式的本质区别是让加入创新创业教育工作的学院共同参与日常管理，让不同学院的教师参与到创新创业教育工作中，根据本专业的特征设置创新创业课程，使学生能够结合自身的专业背景进行创新创业。

该模式的典型代表是伊利诺伊大学，其创新创业教育实施由两个机构组成，其一是商学院的"创业型领导研究所"，为全校教师、学生提供创业计划、创业服务和创业资源，其使命是在全校学生中激发创新创业意识和创业积极性；其二是工程学院的"技术创业者中心"，隶属于工程学院，主要致力于技术创新及创新技术商业化。伊利诺伊的创新创业教育可以让不同学院的学生互选创新创业课程，打破学科边界，实现资源共享，让学生结合专业特征学习相关创新创业教育知识和技能，提高学习效率。

（二）英国

1. 英国的创新创业教育历史发展沿革

总体来看，英国的创新创业教育历史发展沿革大致可以分为以下三个时期：

20世纪80年代早中期是英国创新创业教育发展的萌芽时期，该时期的创新创业教育以高校试点推广的形式展开，通过开设讲座以及个别指导和课堂引导进行初步的创新创业教育，以职业培训为主要特征，旨在培养一批优秀的企业家，具有较明显的功利性质，其发展的重要动机是解决就业问题，促进英国市场经济快速发展。

之后的20世纪80年代末至90年代末是英国创新创业教育发展的推进时期，该时期的创新创业教育旨在揭示企业发展的一般规律，传授创新创业的基本原理和方法，提高创业者的基本素质、创新创业意识及精神品质，更好地促进经济发展并缓解就业问题，为后来英国创新创业教育的成熟发展奠定基础。

21世纪以来，英国创新创业教育进入成熟期，政府提出建设创新创业文化的目标，大力提倡创新创业，采取各种措施努力使全社会都形成一种创新创业文化氛围。在这个时期，创新创业课程从创意培训类逐渐演变为大学开设的系统的、全面的课程体系，有一半左右的高校已开设一门创新创业教育课程，创新创业教育在创新创业教育教学、社会参与、资源整合等方面都得到迅速发展。

2. 英国创新创业教育模式分析

由于各个大学对创新创业教育的要求并不相同，因而在不同大学、不同专业中，英国的创新创业教育呈现出不同的模式，主要分为两类：一是传统商学院主导模式，二是互动型教育模式。

（1）传统商学院主导模式。英国创新创业教育最早是由商学院开设的，并且是在商学院内部进行教学的，但事实上，其他学院只要开设了创业教育课程，都可以被纳入这个模式，商学院只是起主导作用。结合盖博教授等著名学者的论述，可以将传统商学院模式概括为由商学院主导，面向大学所有专业学生，采取传统创新创业教育"教与学"的模式，通过创新创业课程和创新创业教育项目实现培养目标，注重在创新创业教育过程中教什么，以及在教授过程中如何能受到经济学思维及公司业务的影响。①

　　传统商学院模式在早期创新创业教育中占据主要地位，其典型代表是赛德商学院（Said Business School，SBS）。该学院创立于 1996 年，交汇融合新旧精华，是欧洲最年轻、最具创新创业精神的商学院之一，是世界一流大学牛津大学的重要组成部分。赛德商学院自成立以来一直将"创新创业"和"创新商业教育"作为教育理念，在创新创业教育教学中，融入牛津大学经济学、国际关系学、心理学等学科的优势，培养新一代商业领袖和企业家，培养学生在商业方面的所有核心能力，其以学术的严谨性和思维的前瞻性，在短短 10 多年就跻身于世界商学院前列，是欧洲发展最快的一所商学院。

　　（2）互动型教育模式。互动型教育模式是指在商业环境下运行，强调在全球化引发的复杂和不确定的社会背景下，引导大学积极利用社会资源，将创新创业角色纳入社会系统加以考虑，培养包括大学生在内的诸多社会成员掌握创新创业相关知识，学会创新创业行为和技能。与传统模式不同，互动型教育模式无法形成于高校创新创业教育的启动阶段，是在高校创新创业教育稳定成熟以后才能形成的模式，具有较强的开放性、灵活性与包容性。根据互动型教育模式的特点，创新创业教育开展的方式可以分为三种，分别为植入式、大学领导的中介运行方式和利益相关者推动的外部支持运行方式。

　　植入式是把创新创业教育植入专业教育，是创新创业学科与其他专业学科的交叉融合，立足于解决创新创业教育与专业教育脱节的难题，寻找创新创业教育与不同学科专业的结合点，探求创新创业学科与其他专业学科互相交叉融合的新路径。因此，植入方式不仅需要经验丰富的商学院教师参与，更需要不同学科专业背景的教师参与，通过交叉融合实现创新创业教育的良性发展。

　　大学领导的中介运行方式是以大学的创新创业资源为基础，带动一定范围内的群体进入大学接受创新创业教育，同时汲取社会资源参与大学创新创业教育，属于大学主导的创新创业教育运行路径，具有典型的"辐射式"创新创业教育发展特点。在该方式中，大学起主导作用，侧重于带动高校与外部之间的联系，广泛吸引校内外创新创业教育与实践的参与者。学校通过建立一个"专家中心"平台

---

① 徐小洲，胡瑞. 美国高校创业教育新政策述评［J］. 比较教育研究，2010(7)：69.

的方式广泛吸引各学院的师生参与创新创业教育，面向各个专业及院系建立创新创业项目。同时，大学通过知识转化、衍生企业、继续教育培训、与校友建立关系等手段努力传播和培育创业文化，鼓励学生产生创业动机，倡导独立思考的能力，设立创新创业奖项，促进大学与经济界等公私部门的沟通与合作。

利益相关者推动的外部支持运行方式是由利益相关者主导，而非由大学掌控。在企业管理中，利益相关者指能影响或被组织目标影响的任何方，在高等教育中，则指对高等教育有合法兴趣或干预权的个体或群体。该方式是以"专家中心"为重要依托，为高校师生提供创新创业教育培训项目，以科技园和技术转化中心为平台打造大学生创业者与利益相关者的互动平台，促进大学生创新创业活动的开展。

3. 英国创新创业教育模式特色

(1)良好的创新创业教育政策环境。英国高校创新创业教育发展的内驱力是政治力量而非社会需求，创新创业教育发展遵循一条自上而下的发展道路，与政府的大力支持息息相关。首先，政府各项政策措施如科技创新政策、知识产权政策、支持中小企业发展的创业政策、鼓励大学变革和创新的教育政策与新的工业福利政策相互协调和配合，形成了有利于大学生创业的政策环境。其次，与美国创新创业教育发展主要依靠私人捐赠有所不同，英国创新创业教育的大部分资金来自政府，政府为创新创业教育买单，为创新创业教育奠定物质发展基础，如英国政府教育与技能部(DFES)、贸工部(DTI)、财政部(HMT)和首相办公室(ODPM)四个部门不仅为高校创新创业教育制定相关的法规与政策，而且为创新创业教育项目提供大部分的资金。最后，英国科学创新创业中心和全国大学生创新创业委员会两个全国性组织在英国高校创新创业教育中发挥着举足轻重的作用。以大学为依托，全国性创新创业教育组织将大学与外界连接起来，开展创新创业教育教学，促进智力财产转化，推动英国全国范围的创新创业教育发展。

(2)完善的高校创新创业教育体系。在英国政府大力支持发展创新创业教育的背景下，高校自身也积极地将创新创业教育纳入大学的规划和政策之中，鼓励师生创业并为师生创办企业提供相关智力支持与相应的物质支持，尽量减少创新创业所带来的风险，为创新创业教育打造有益的内部环境。

首先，高等院校将创新创业教育纳入学校整体战略规划并制定相应明晰的奖励制度。一方面，在创新创业和创业教育概念上达成共识，满足广泛的利益相关者需求；另一方面，对在创新创业教育方面作出贡献和成就的教师，包括为大学生创新创业提供支持和帮助的教师和相关人员，如就业指导中心的成员，给予奖励和学术发展的机会。此外，高校内部成立创新创业教育中心，为有志于创新创业的学生提供指导、培训、研讨、诊断等服务，帮助其执行商业计划、组建创新创业团队、发现客户和开发市场。

其次，创新创业教育不局限于个别学院，每所大学都有整体性的创新创业教育方法。如建立一个跨学科的创新创业研究和教学中心，集聚创新创业教育各个领域的专家学者、创业家和其他具有创业教学经验的培训者，思想相互碰撞，共同开发系统、完整的创新创业课程和创业教育资源，支持科研成果的转化和衍生企业的孵化与创办。

最后，在政府资助下，英国的大学广开创新创业教育资金渠道。创新创业教育资金来源主要包括高等教育资金委员会、高等教育机构自身、地区发展局、地方政府、学习与技能委员会、全国大学生创新创业委员会等。这些资金的提供保证了英国创新创业教育的顺利开展与持续发展。

(3)整合的创新创业教育课程结构。英国高校的创新创业教育课程已形成了一个多元互动体系，呈现出整合性的特征，从课程开发、教学方法、教学师资、创业研究到课外创新创业实践活动形成了开放性、连接性、系统性的课程结构。

第一，高校创新创业课程合作开发网络化。英国大学的创新创业课程开发一般不是由单个大学独立进行的，而是形成了一个高校之间共同合作、资源共享的课程开发网络。为了有利于各地区间高校合作网的建立，大学采取的合作方式主要包括增加创新创业课程模块的数量、提高学生创办企业数量、与商业支持网络建立联系、促进当地企业家直接与教师和学生合作、建立实体和虚拟孵化器等。其总体目标是建成一个优势互补、有效评估并具有附加价值的国家公共规划、地区组织、大学和一些私立机构之间的关系网络。

第二，大学生创新创业课程与各种创新创业援助整合。这些创新创业援助整合一般包括地区创新创业事件、就业指导、商业连接、科技转化处、专利办公室、英国贸易与投资、壳牌在线以及与企业家发展等方面的整合。通过创新创业援助的整合使高校创新创业教育从课堂走向实践，师生创办的企业就能获得外界实质性、落地性的帮助。

第三，大学生创新创业课程与创业研究整合。一方面，英国已经形成了一批从事创新创业学术研究和教学的专门教师群体，包括 Allan Gibb、Andrew Atherton、David Rae 等；另一方面，英国创新创业教育的学术交流活动异常活跃，高等教育学会和全国大学生创业委员会联合举办很多学术会议并参加欧盟组织的创新创业教育会议，积极开展创新创业教育国际交流项目等。

第四，英国高校创新创业课程与课外课程整合。随着创新创业课程从商学院渗透到其他学院、课程数量不断增加、课程种类层次不断丰富，创新创业课外课程也在蓬勃发展，有的大学课外创业活动类型发展到近 30 种，成为创新创业教育的第二课程。在创新创业课程与课外课程的双重影响下，大学内部创业文化得到推广，学生创新创业意识增强，有些学生甚至没有修习创新创业课程，但是通过参加校内外的创新创业活动课程获取创新创业经验，培养创新创业能力。

(4)共同支持的创新创业教育氛围。在英国，不仅联邦政府、地方政府、教育与培训部门支持高校发展创新创业教育，商业圈、企业、社区团体和媒体等组织也在为大学生创新创业提供援助，全社会成为英国高校创新创业教育发展的有力后盾。大学生创新创业不仅可以获得课程教师、导师的帮助，也可以得到银行、律师等专家组织的支持，还可以得到亲人、朋友、校友以及其他成功创业者的支持。目前英国有两个有影响、有成效的企业积极支持高校创新创业项目。

第一，安置大学生到中小企业实习的壳牌技术创业项目。它是 1986 年英国壳牌公司发起的一项社会投资项目，作为地方性计划安置大学生到企业实习，作为试点取得成功后在全国范围内推广。

第二，壳牌在线支持大学生创新创业。2000 年 6 月，荷兰皇室和壳牌集团成立的壳牌基金会，主要支持可持续性能源项目、可持续性发展社团项目、青年创新创业项目，其中青年创新创业项目是鼓励青少年创办自己的企业，实现自我雇用。全社会支持创新创业的氛围不仅帮助创业者更好、更快地实现梦想，而且也为创新创业教育的发展提供不竭动力，有助于创新创业教育的健康持续发展。

(三)日本

1. 日本创新创业教育的目标

日本的创新创业教育起步较晚,20世纪80年代日本高校为学生开设了创新创业教育讲座,培养学生的创新创业能力。20世纪90年代日本的一些大学利用高校的人才优势和知识资源创办了一批风险企业,把研究成果转化为市场化的产品。2000年日本提出了"创业家精神"的概念,强调学校在开展创新创业教育时应注重培养学生的创业家精神。2002年日本官产学合作促进会议提出希望通过技术转让机构、育成中心、产学合作机制等推动大学开展创新创业活动和创业教育,还提出了在3年内创设1000个大学风险企业的目标。2004年国立大学法人化改革后,与创新创业有关的要素成为评价大学的指标,更是拉近了大学与企业之间的关系,使得创新创业成为日本大学教育的重点。经过多年的发展,逐渐形成了具有日本特色的创新创业教育模式,即拥有相对齐全的创新创业教育课程、创业基础设施以及广泛的社会支援体系。

2. 日本创新创业教育发展阶段

日本高校创新创业教育的概念来自美国,其在日语里属于外来语,翻译过来就是"企业家教育"。显然,日本高校创新创业教育是培养企业家的教育。这一教育目标的确立并非一蹴而就,而是在日本政府的政策推动与调控下,经历了三个不同的发展阶段,最终才逐渐明确了其创新创业教育目标的指向。

第一阶段是大学和企业各负其责的阶段,高校与企业之间缺乏足够的联系,创新创业教育难达其效。

第二阶段是管理培训阶段,将高校视为企业人才管理培训的专门场所,这显然又偏离了高等教育的初衷,高等教育沦为企业的附庸。

第三阶段是创新创业教育的导入阶段,修正了前面的极端做法,注意到不能简单地将高校创新创业教育视为企业的预科,开始理性地思考高校开展创新创业教育的根本宗旨,认为高校创新创业教育旨在培养学生的创新意识、创业能力及企业技能,为将来成为成功的企业家而作准备。为达成创新创业教育的最终目标,日本政府、企业和高校三者开始共同合作、各司其职,形成教育合力,为培育出符合企业要求的企业家而共同努力。

综上所述，我们已了解到日本高校创新创业教育的目标指向是培养成功的企业家。为达成这一教育目标，日本在实践探索中还形成了更具体的课程与教学目标，丰富多样的课程内容及常规教学模式，为高校顺利开展创新创业教育提供了有利条件与可行路径。

3. 日本创新创业教育课程的特征

日本创新创业教育课程有以下几个特点：

（1）连贯制的创新创业教学模式。日本的创新创业教育不仅注重本科生的创业教育，同时，利用高校资源加强地域联系，在中小学校中普及创新创业教育。

（2）多元的创新创业课程体系。日本高校在创新创业课程体系中加入了 OBP 创业论、OBP 商务游戏等，丰富了创新创业教育的内容。

（3）创新创业教育覆盖全国，地区差异大。日本以创业教育为教学重点的高校分布情况如表 1-1 所示。

表 1-1　　　　　日本以创业教育为教学重点的高校分布（部分）

所在地	代表高校+专业（课程）	高校数
北海道	小樽商科大学研究生院商学研究科创业专业、北海道情报大学研究生院经营情报学研究科经营情报专业等。	3 所
本州	立命馆大学商学院商学科创业系、大阪产业大学研究生院工学研究科创业专业等。	49 所
九州	佐贺大学研究生院经济学研究科、VBL 九州公立大学经济学院企业继任者课程等。	5 所
四国	高松大学经营学院创业课程、高知工科大学研究生院工学研究科创业课程等。	2 所

4. 日本创新创业教育的课程与教学目标

日本创新创业教育研究中心通过大量的实践观察与分析，将创业者的资质和能力定义为：收集、分析、判断信息的能力，表达自己看法的发表能力，决断、实践能力，博采众长的能力，交流能力，团队合作的资质与能力等。概言之，培养成功的企业家，就是要培养富有创新精神、实干精神和勇于挑战的人才。上述这些要求和定义已渗透到日本高校创新创业教育的方方面面，不仅体现在日本高校师生的教育观念里，而且还体现在创新创业教育内容、课程设置及师资队伍等方面，成为日本高校创新创业教育的课程与教学目标。可见，日本在创新创业教育的课程与教学上，除传授学生创新创业教育知识之外，其更为关注学生解决实际问题的能力发展，注重对学生专业教育知识与创新创业教育知识综合运用能力的培育。

在日本，大多数的高校和研究生院十分重视教授创新创业教育基础知识和开展实践活动，均开设有相应的课程。创新创业教育基础课程主要包括"企业经营、市场营销学、统计学、知识产权"等，而创新创业教育实践活动课程包括"商业策划、创业策划、企业实习、创业者经验论坛"等。可见，各大院校开设的创新创业课程种类颇多、丰富多彩。

创新创业课程的教学形式更是五花八门。各大高校基本上都有一整套独立的创新创业教育课程体系，除了提供既定可选的必修与选修课程之外，还有 MOT 技术经营课程、MBA 课程、集中讲义、企业实习、企业见习、创新创业教育研讨和创新创业教育竞争比赛等临时增设的课程或活动。创新创业课程的教学形式多样、生动有趣、引人入胜，较好地营造了校园创新创业教育的氛围，吸引了诸多学子参与课程学习。

5. 日本创新创业教育的教学模式

创新创业教育在日本的发展经历了几十年，日渐成熟，形成三种不同的常规教学模式：以基础教育为中心的创新创业教育、以与外部合作的实习评判学习为中心的创新创业教育及以项目解决为中心的创新创业教育。

以基础教育为中心的创新创业教育教学模式，主要是由基础教育中心负责，日本多数高校采用这一模式。其课程内容主要以教授基础知识和基础技能为主，创新创业教育知识和技能为辅。在学科设置上，将有关经营、经济和管理的部分渗透到基础学科中进行教学。这一模式的好处是基础知识与创新创业教育知识有一定程度的融合，学生能够同时学习两方面的知识，在未来就业道路上有更多的选择。

以与外部合作的实习评判学习为中心的创新创业教育教学模式，主要是在学生阶段性实践后，根据企业的评价与反馈来调整后续学习。这一模式强调的是在做中学，在做中求进步。也有不少高校采用这一模式，学校通过聘用外部企业在职人员进行授课，与外部企业搭建创新创业教育实践平台，让学生提前真实地参与创新创业实践活动，在体验中成长。

以项目解决为中心的创新创业教育教学模式，是当前较新颖的模式。这一模式主要是让学生设计并尝试进行小型创新创业项目或模拟参与创新创业项目，通过解决创新创业项目中遇到的实际问题来学习相关创新创业知识，在项目解决中总结成功经验，检讨失败教训，进而整体提升创新创业教育知识与能力。

以东京大学为例，东京大学的创新创业教育主要体现在"创新创业道场"（アントレプレナー道場）上，类似于我国的"创新创业计划大赛"，在这里学生能够学习到如何将自己的创意变成现实的方法，锻炼创新精神，培养企业家能力。每轮的"创新创业道场"需历时 7 个月左右，持续性地对学生进行创新创业教育。课程分为初级、中级、高级，以适应不同能力的学生。

二、我国高校大学生创新创业教育现状

在我国，创新创业教育的试验早在改革开放之初就悄然兴起。四川省率先提出并在几个农村地区开展创新创业教育试验。其基本理论源于陶行知先生的"生活教育论"。创新创业教育开始走进成人教育和职业教育的课堂，此时的创新创业教育还处于零散和不成熟的状态，但它激活了几代毕业生的创新创业意识，为我国这一阶段农村和城市的发展提供了创新创业型人才。直到 1989 年，我国大学生创新创业教育才慢慢出现，当年在北京召开的"面向 21 世纪教育国际研讨会"上，联合国教科文组织提出了"创新创业教育"的概念，并在《21 世纪的教育哲学》报告中提出了学习的"第三本教育护照"，是创新创业能力，要求把创新创业能力提高到"与目前学术性和职业性教育'护照'同等的地位"。自此大学生创新创业教育在我国高校中逐步开展起来。但此阶段的创新创业教育理论与实践仍然处于摸索阶段。

从时间轴看，1998 年"清华大学创业计划大赛"正式拉开了我国创新创业教育的序幕，"小荷才露尖尖角"，1998—2001 年是我国大学生创新创业教育的萌芽期。2002 年，第一批扩招生面临毕业，就业形势严峻，教育部将清华大学等 9 所院校确定为开展创新创业教育的试点院校，标志着我国创新创业教育正式启

动。2005 年，共青团中央、全国青联引进了联合国国际劳工组织大学生创业教育项目——KAB，清华大学等多所高校被选为 KAB 创业教育试点高校，在摸索中前行，2002—2007 年是我国大学生创新创业教育的探索期。从 1998 年到 2007 年，中国大学生创新创业教育历经了十年的发展之后，2008 年到 2017 年的十年里我国高校的创新创业教育已成燎原之势，分阶段螺旋式发展，在全球创业教育中异军突起，有后来者居上的可能。

1. 2008—2010 年：创新创业推进期

2008—2010 年，我国大学生创新创业教育的发展主要集中在三个方面，分别是蒸蒸日上的创新创业市场、创新创业能力培养与指导以及创新创业实践。这一时期，在创新创业市场这只无形的手的推动下，高等院校创新创业教育注重培养大学生的创新创业能力、指导大学生的创新创业实践。在新兴产业市场的推动下，创新创业指导与实践成为这一时期大学生创新创业教育的主要模式。这一时期，高校外围的创新创业环境助力高校创新创业教育发展。2008 年，苹果公司推动了智能手机的发展，互联网时代开始进入移动互联时代，美团、大众点评、滴滴、高德地图、饿了么、唱吧等移动终端大量兴起，拇指经济时代到来。2009 年，在"KAB 创业教育(中国)项目年会"上，国际劳工组织 KAB 项目全球协调人克劳斯·哈弗腾顿教授强调了中国创新创业市场的广袤："目前，全球任何一个地方都不像中国那样有这么多的创新创业机会。"良好的创新创业环境和大量的创新创业机会促使众多大学生瞄准中国市场蓝海，因此也加速推进了大学生创新创业教育。另一方面，分析这一时期创新创业教育的阶段特点可知：2008—2010 年，中国高校创新创业教育还比较单一，大学生主要通过第一课堂学习创新创业理论知识以及通过第二课堂进行创新创业实践活动。由于创新创业的主要目的是促进就业，其落脚点还是在于创新创业本身。

2. 2011—2013 年：野蛮生长期

2011—2013 年，我国大学生创新创业教育的发展主要集中在三个方面，分别是创新创业政策、创新创业服务以及创新创业平台。这一时期的创新创业教育主要特点是以创新创业平台与创新创业服务为抓手，辅之以健全的创新创业政策，全面引领创新创业大众化的浪潮。

此时，国家的创新创业机制和政策日趋健全，推动着大学生创新创业教育的日趋成熟。自 2010 年 4 月，教育部发布《关于大力推进高等学校创新创业教育和大学生自主创业工作的意见》、人社部发布《关于实施大学生创业引领计划的通知》以来，国家颁布出台了很多政策鼓励大学生创新创业。例如，2011 年，高校实行毕业生自主创业证制度，创业学生享受税收优惠政策，2012 年，教育部办公厅又下达关于印发《普通本科学校创业教育教学基本要求（试行）》的通知。与此同时，高校科技园、创业园、创业基地等创新创业平台在这一时期大量兴起。截至 2012 年，我国多所高校成立了创新创业教育学院和创新创业教育研究中心等创新创业教育机构。自 2001 年在清华大学等 22 所高校首批设置国家大学科技园以来，截至 2013 年 1 月，共有 96 所高校被认定为国家大学科技园依托高校。①各类创新创业教育平台通过线上与线下、课堂与实训、院校教师与行业专家相结合的教育模式，为大学生提供创意和援助。除此之外，这一时期，高校利用校友、科创导师等资源，为大学生提供便捷的创新创业服务，助力学生项目完成初期孵化。

综合来看，2011—2013 年，政府优惠的创业政策、高等院校与科研机构各类创新创业平台、便捷的创新创业服务，使得大学生的创新创业不再像以前那么困难，而因创新创业的基础条件相对较完善，大学生的创意被激发，创新创业信心高涨，形成了疯狂生长的局面。

3. 2014—2017 年：科学发展期

2014—2017 年，我国大学生创新创业教育的发展主要集中在六方面，分别是创业新环境、创业教育改革、创业实践、产学研创业合作、创业文化以及创新创业教育考核评估。我国大学生创新创业教育的重中之重在于创新创业新环境的营造和创新创业教育改革。

随着科技创新的发展，创新创业环境发生前所未有的新变化。近年来，中国制造正向中国智造改变，高铁、共享单车、淘宝以及支付宝成为中国的新四大发明，新形势下我们既需要有创新能力的专业人才，又需要有社会责任感的儒商。2014 年，李克强提出"大众创业，万众创新"，2015 年，《中国制造 2025》出台，

---

① 参见第九批国家大学科技园公布　累计 96 家［EB/OL］.（2013-01-15）［2023-05-12］. https：//www.instrument.com.cn/news/20130115/089697.shtml。

2017 年，国务院办公厅印发《关于做好当前和今后一段时期就业创业工作的意见》。创新环境挑战与机遇并存，在倒逼机制下，高校创新创业教育也加大改革的步伐，如火如荼地进行着。

2015 年，国务院办公厅印发《关于深化高等学校创新创业教育改革的实施意见》，此时的创新创业教育和最初阶段有了很大的不同。它不再拘泥于通过灌输和教授学生各种创新创业知识而达到创业成功的目的，而是通过创新创业教育改革达到创新创业教育课程体系化、方式科学化、目标去功利化的目的。值得一提的是，创新学分是创新创业教育课程改革中创新的典型。创新创业教育改革中很重要的一部分是创新创业文化的熏陶，现在高校所倡导的创新创业文化，强调创新精神、创业意识和社会责任感，各高等院校积极营造创新创业文化氛围，使学生在潜移默化中规避创新创业教育认识误区。创新创业教育不单指引导和激发学生开办公司，也不单指对学生进行第二课堂教育。创新创业教育改革中另一重要的部分是创新创业教育考核评估，创新创业教育质量评价体系的建设可以判别高校创新创业教育的短板和优势以及改革的方向，培养把想法变成行动能力的团队或个体，这种能力包括创新能力，挑战冒险精神、识别机会、整合资源、承担风险的能力以及解决实际生活问题的能力等。

综合来看，这一时期的创新创业教育更加科学、全面地讲究创新创业文化和创新创业精神，创新创业教育改革成为主基调，以创新创业大赛为核心的创新创业实践重新回归大众视线。尤其 2014 年以来，挑战杯创业计划竞赛改名"创青春"全国大学生创新创业大赛，各类创新创业实践活动、比赛接踵而至，新形势下，以比赛、活动、实践为契机的产学研创业合作逐渐深化，"三产"不断得到融合，创新创业实践项目也开始走向市场。

2017 年之后，大学生创新创业教育已经受到社会各界的高度重视，尤其是国家和政府将之视为发展经济和推进就业的重要措施，作为推进大学生创新创业教育主体的高校一直在挖掘创新创业教育的内涵，并积极地在创新创业教育实践上下工夫，以大学生创新创业竞赛推动高校创新创业教育。

近年来，我国各级各类创新创业竞赛此起彼伏，其中影响最大的是由共青团中央、中国科协、教育部和全国学联共同主办的"挑战杯中国大学生创业计划竞赛"。众所周知，创业计划竞赛源于美国，是近几年风靡全球的大学生创新创业的重要形式，主要借用风险投资的运作模式，要求参赛者组成优势互补的竞赛小组，并围绕一个具有市场前景的技术产品或者服务理念，以获得风险投资为目的，完成一份尽可能详尽的创新创业计划书，最终通过书面评审等一系列方式评出优胜者。清华大学在 1998 年开始引进这一赛事。清华大学、上海交通大学、浙江大学、厦门大学、山东大学分别于 1999 年、2000 年、2002 年、2004 年和 2006 年举办了第 1—5 届"挑战杯"中国大学生创新创业计划竞赛。同时在北京、上海、天津、湖北等地还举办了不少地区级或高校级的大学生创新创业计划赛事，从参与的情况来看，学校和学生对这类赛事的热情很高。

这类创新创业竞赛对大学生的创新创业教育也发挥了重要的积极作用。一方面，它促使高校进一步加强学生创新意识、开展创业能力的培训工作，是广大学生参与素质教育的新载体和开展科技活动的新形式，也是高校展示学生综合素质能力的一个窗口。另一方面，创新创业竞赛能在很大程度上唤醒同学们的创新创业意识，对创新创业教育起到重要的宣传作用。可以说，创新创业竞赛是创新创业教育一种非常好的外在引导形式。

三、我国高校大学生创新创业教育存在的问题

1. 创新创业教育理念缺失

创新创业教育在我国起步晚，仅仅十几年的历史，还处于摸索和起步阶段，现阶段并没有被社会和高校完全认同和接受；人们对创新创业教育的必要性、重要性和紧迫性的理性认识尚未完全形成。对于一个以公有制为主体的国家而言，作为创新创业初期形式的个体中小企业蓬勃发展还有很长的路要走；加之中国长期以来"学而优则仕"的观念深入人心，稳定仍是大多数大学生和家长追求的目标，整个社会的创新创业意识淡薄，氛围不够浓厚；现阶段高校的创新创业教育更多的价值取向还是解决目前的大学生就业困难问题，并没有形成长期的培养优秀人才的教育目的，导致创新创业教育内涵和价值的缺失；有的高校仅仅把创新创业教育等同于创业计划大赛等简单的形式，过分注重比赛成绩，是功利性的创新创业教育理念；还有的人认为创新创业教育旨在培养经理人而非具有事业心和开拓精神的创业者，导致创业活动停留在了利润与财富创造的功利性层面上，并没有上升到开创事业的理性层面。总的来讲，现阶段我国的创新创业教育理念没

有深入人心，创新创业教育作为大学生应有的"第三本教育证书"的理念还没有被多数学生、教师、学校管理部门所接受。

2. 政策支持的力度不够

面对国际竞争的日益加剧、时代发展的要求和日益严峻的大学生就业形势，我国制定了许多政策支持和鼓励各高校积极开展创新创业教育，同时鼓励大学生突破就业瓶颈，实行自主创业，为高校毕业生自主创业制定了众多的优惠政策。但是鉴于高昂的创新创业教育成本，政府很难给予高校大量有效的创新创业教育资金支持。许多利于大学生自主创业的相关政策还缺少具体实施方案，比如政府政策要求银行要加大对大学生创业者的投资力度和利率优惠，但是并没有详细规定银行应如何放贷，放贷利率多大等细节问题，各银行不愿意放款给初创业者，因而实际上大学生创业面临众多的门槛，很难从银行贷款；而且办理创新创业手续的程序相当复杂，开个公司甚至需要盖几十个章，更突出的问题是工商行政管理条例中存在着一些对大学生创业不利的条款。这都影响了高校创新创业教育的开展和大学生创业的成功率。

3. 创新创业教育与人才培养体系脱节

我国当前的创新创业教育大多是课外活动、讲座形式的业余教育活动，主要停留于操作层面和技能层面，并没有融入传统的人才培养体系中，实施过程中基本与学科专业教育脱节。首先，这种认识和实践把创新与创造平庸化为单纯的技巧与操作，从根本上忽略了创新和创业能力的深层次基础；其次，这种局限于操作和技能层面的创新创业教育暗含了一种狭隘认识，也就是无须从根本上对现有的专业教育和课程体系进行改革，只须添加创造学的知识和创业的技能，就可以实现相应的目标；最后，这种认识和实践会影响中国高等教育的发展。衣俊卿教授则强调，人的创造性、创新和创业能力并不能像具体的技能和技巧那样被传授，它必须通过科学知识和人文知识所内含的文化精神的熏陶才能潜移默化地生成，创业教育应深深地依赖于专业教育，所以改革现有教育体制和教学内容势在必行。

由此可见，创新创业教育事关到高校教育教学系统改革，应该渗透到教学的各个环节，涉及人才培养模式和学生管理体制的改革。

4. 创新创业教育学科边缘化，课程体系不完善

目前，在我国高校，创新创业教育并不是主流教育体系的组成部分，它或是

包含于技术经济学科，或者是企业管理学科，并没有明确的专业定位。由于学科地位边缘化，大学生创新创业教育被很多人当成企业家速成教育，就是培养或大或小的"学生老板"，诸如此类"拔苗助长"式的创新创业教育根本不能满足当今经济社会飞速发展对高素质人才的需求。同时高校的创新创业课程是零碎的，缺乏作为一门学科的严谨性和系统性。大多没有独立系统的创业课程群，只是属于"职业规划""就业指导"之类的系列讲座，而且就连讲座也没有固定的安排与系统的规划。

5. 创新创业教育环境有待改善，资本市场支持不力

当前中国的创新创业环境评价不高，虽然社会在积极宣传创新创业的理念，但是引导力度不够；高校中宣扬大学生吃苦耐劳的精神较多，而勇于承担风险、开拓创新的氛围远远没有形成；高校管理者和教师对创业者的宽容、尊重和支持力度不够；风险投资在国内发展虽然很快，但针对学生创业的投资几乎为零。大学生创新创业可利用的外来资本较少。

6. 创新创业教育师资力量欠缺

教育师资是创新创业教育课程教学的关键所在，大学生创新创业教育涉及知识较多，综合性和实践性都很强，它的课程以行动为导向，实际经验引导的体验多于传统概念规则的讲授，所以教师应当兼具较高的理论知识和丰富的创业管理经验；同时对教师的教学方法也提出了新的要求。目前开展创新创业教育的高校，教师大多缺乏企业管理和创业的经验，有的只是接受了短期的培训，讲课内容重在理论分析，无法真正培养学生的创业意识和能力。当前，我国创新创业教育的师资力量主要来自学生"就业工作"的行政口和"商业教育"的教学口，或者是高校辅导员。有的高校聘任了一些成功的企业家与创业者担任兼职教师，但是在组织协调、资金支持和制度保障方面存在严重不足，加之聘请的部分企业家、创业者缺乏实际的教学经验，因此教学效果难以达到要求。

7. 创新创业教育停留于浅层，缺乏实践环节

在创新创业教育中，创业实践是其高级层次，也是提高创新创业教育实效的基本途径，能全面提升创业者的综合素质。多数高校资金投入的不足和实践基地的缺乏导致教学实践环节基本属于走马观花式的参观活动，阻碍了学生对创业实践的了解与接触。再加上教学方式的陈旧，填鸭式、灌输式的教学办法阻碍了学

生创造力的发挥。

8. 创新创业教育范围较窄

目前，我国高校的创新创业教育和活动仅使一小部分学生受益，没有形成浓厚的创新创业教育氛围，有较强的精英色彩，大部分学生只能当看客。高校的创新创业教育不应只是针对少数有创办企业潜质学生的技能性教育，而是面向所有学生的综合性教育，可以为所有学生终身可持续发展奠定坚实的基础。

总体来讲，中国创新创业教育的发展还不够成熟，这与我国当前的高等教育水平、社会传统文化观念、经济发展水平、人才培养体系和资本风险意识等有很大的关系，因此我国高校的创新创业教育目前处于探索和学习阶段，创新创业教育的理论研究也处于需要深度探讨的阶段，高等院校创新创业教育的各个方面还有很长的路要走。

第三节　我国高校创新创业教育基础理论与路径选择

"大众创业、万众创新"作为国家战略已深入人心。近些年来，在国家政策和社会环境的大力支持下，新一轮的创新创业热潮正在兴起，大学生在其中扮演着重要角色。国家和地方政府出台了很多关于鼓励大学生自主创业的规范文件，这对于大学生的创新创业实践有着重要意义。同时，国家也鼓励各地方政府、社会各界为高校提供政策、场地、人员、经费等方面的扶持。2021 年 10 月，国务院办公厅发布了《关于进一步支持大学生创新创业的指导意见》，其中明确指出要深入推进高校的创新和创业，把创新精神融入高校的发展。立足于创新发展的新阶段，鼓励大学生积极创业的意义深远，就个人而言，可缓解就业压力，实现更加高质量的就业；从国家和社会层面而言，可促进经济增长、加快技术创新和科技成果转化。近些年来，虽然我国大学生的创业率不断攀升，但是与欧美发达国家相比，我国大学毕业生的自主创业率还较低。

一、创新创业教育相关理论

1. 创新教育

创新教育大致有两层含义：一是以教育创新为目标，即对教育的创新；二是把它当作专有名词对其初步下了定义，认为创新是一种新元素，将其引入社会，会给社会带来巨大的价值。学界对创新教育下的定义有：创新是一种通过对原有因素的再组合而创造有意义的活动，而创新教育则是以创新和创造为核心、以人才为要义的教育；创新教育就是以培养大众的创新精神、创新意识和创新能力为要义的教育；创新教育的核心内容就是创新精神和创新能力，它的服务对象是培养未来的创新型人才。

由此可见，学者们对创新创业教育的定义虽存在不同，但其核心要义都是要培养人的创新精神和创业能力。

2. 创业教育

"创业教育"最早是由联合国教科文组织提出的，是发掘学生创业基本素质和提高创业能力的教育。1998年清华大学率先开展创业大赛，打开了创业的大门。2004年，徐华平（2004）将创业教育定位为是素质教育的形式，是为了提高学生的创业素质和创业修养的教育。2006年，学界对现有教育体系提出质疑，认为事实上现有教育体系对创新创业精神和技能的培养是匮乏的，这为后来推动创业教育的发展奠定了重要基础。2007年，侯锡林（2007）提出创业教育的核心是企业家精神教育，结合国内外关于创业理念的研究，重点分析了高校实施企业家精神教育的重要意义。2009年，国内学者对创业教育的关注仍然是以"以人为本"为核心，着眼于如何为社会提供更多的创业人才。自2010年起，我国陆续推出创业相关政策，创业的方向也由"以就业为中心"为主导转为"以培养创业精神"为主导，即以培养创新精神为中心，培养具备创新创业意识、精神和能力的人才。

总体来看，创业教育是指通过培养人的创业意识、创业精神和创业技能等各种综合素质，使被教育者具备一定创业能力的新型教育体系。

3. 创新创业教育

创新创业教育是比创新教育、创业教育要求更高的教育，是指为了满足国家和社会需要，以培养具有创业意识的开拓型人才为目标的一种新的教学模式和理念。学界强调了创新创业教育两个方面的重要内容：首先是遵守大学开展创新创业教育活动的本质，目的是培养具有创业意识与实践能力的综合型人才；其次是在范围上认为创新创业教育应该不仅局限于在校本科生、硕博生，还应包括虽已毕业但仍不断坚持创业的学生。王占仁（2015）提出"广谱式"创新创业教育，认为其内涵是培养具有开创性的人。杨晓慧（2015）明确了创新创业教育的科学定位，是以着力培养创新型人才，建立创新型人才结构国家框架为目标的。该观点为后来完善高校创新创业教育运行体系指引了道路。李亚员（2016）认为创新创业教育是以培养学生创新创业意识、创新创业精神和创新创业能力等综合素质为核心的新教育理念和模式。王洪才（2017）等人认为创新创业教育主要是对学生品质、思维和能力的培养，其中创新创业精神的培育是核心。马永霞（2021）从学生参与的角度研究了高校的创新创业教育情况，认为高校应提高学生的创业情感认知、增加资源投入等，根据学生个性特征设计个性化创新创业教育模式，创新性地提出了个性化创新创业教育模式。

由此可见，当前学界对创新创业教育最普遍的定义是培养学生的创新意识和创业能力的素质教育，强调的是面向更广泛的学生，重点要培养学生的创业精神。

二、国内创新创业教育研究综述

目前，国内对于创新创业教育的研究，大致可分为 4 个方面。

关于创新创业教育的概念，学者们从不同的角度提出了不同的观点。曹胜利等（2007）从广义和狭义上总结了创新创业教育的概念，从广义上讲，创新创业教育是创造出新领域新事业的教育实践活动。从狭义上讲，它是关于创造新就业岗位的教学实践活动。以目的为导向来看，创新创业教育是一种以培养创新精神、创业意识和创业能力为主要目标的教育思想和教育方式。高校创新创业教育应该着力培养学生的创新精神以及能高瞻远瞩、不怕挫折和拥有批判性思维的创造能力。宋妍（2017）坚持认为，高校创新创业教育适应社会发展方式的转变，探索和研究创新精神和创业能力的培养，为社会主义建设事业的创新人才提供了有力的保障。邱明晓（2018）认为要将创新创业教育纳入高校人才培养目标，通过全员参与、师资培训、内部管理、环境优化和校企合作等提高大学生的就业竞争力。

关于创新创业教育的政策导向，创业教育起源于迈尔斯·梅斯 1947 年在哈佛大学开办的企业家教育，这门课程被很多学者认为是创业教育的开端。我国大学生创新创业教育开展得较晚，以 1998 年清华大学举办的创业计划大赛作为起点。自 2002 年教育部开始实施创业教育以来，全国各地都在积极推进大学生创新创业教育工作。此后，我国在创新创业教育政策的制定上也开始了新探索。2008 年出台的《就业促进法》将创新创业相关问题上升到了法律层面，从那时起，大学生的创新创业教育活动更加规范，创新创业教育的政策也得到了进一步的发展与完善。此后，随着大学生就业形势日益严峻，国家出台了一系列鼓励和支持大学生自主创业的政策，特别是"以创业促就业"思想的提出为创业政策的制定奠定了基础。2010 年，国家制定了专门的大学生创新创业教育政策。在《关于大力推进高等学校创新创业教育的指导意见》中首次将"创业教育"改为"创新创业教育"。2015 年以来，随着国家关于推进创新创业教育的一系列文件的发布，我国高校创新创业教育从"以创带就"向以大众创业、万众创新推动经济社会发展，创新创业教育的本质是以创新为基础的创业，鼓励创业者去创业，使创新创业成为驱动社会经济发展的引擎。

关于创新创业教育的评价体系，董蕾(2018)认为建立大学生创新创业质量评价体系具有重要意义，必须坚持定性与定量评价相结合的原则。吴立全(2019)认为在课堂学习中要融入创新创业因素，构建以市场为导向，多元协商的课程教学，及时、顺畅的课程教学质量监控和评估指标体系。王伟(2020)在教育信息化时代，基于职业技能素质模型，根据职业院校创新创业的特点，采用指标选择的原则，以职业院校学生的产出(成果)为主要依据，运用 AHP 方法建立了高职学生的创新创业能力素质综合评价指标体系。张敏(2021)认为要明确大学生创新创业教育的观测点，明确评估方法与考核内容，对 CIPP 教学评估模式的本质进行分析，并着重分析了 CIPP 教学评估的四个主要因素，以提高其决策价值。

关于创新创业教育的能力发展，沈健(2015)提出以江苏省教师为代表，实施江苏优秀教授项目，培养优秀的人才和优秀的创业团队。江苏高校教师的创新创业能力体系要从盘活存量、优化增量、强化激励机制等方面进行。杨为群(2015)提出在辽宁省大学生创业平台建设的指导下，全省各高校纷纷在校内建立和利用大学生创新创业教育平台，免费开放学校各级各类实验室、实验教学示范中心、实习训练中心等实践资源。赫惠新(2019)从大学生就业指导工作的角度出发，分析了大学生就业指导工作中存在的问题，并就如何提高大学生就业创业能力提出了一些具体的措施，以期为高校大学生创新创业教育工作提供一定的理论依据。

三、我国高等院校创新创业教育的主要路径

1. 不断提高对大学生创新创业教育的重视水平

各高校要上下联动重视大学生创新创业教育，从政策制度和资金等方面全力支持大学生创新创业教育课程的开展，学校、教师、学生形成合力。

首先，分管校领导要重视此项工作的开展，从学校层面给予政策和资金的支持，将大学生创新创业教育纳入学校整个教育教学管理体系。辅导员要在日常工作中重视创新创业教育，抓住一切机会宣传创新创业相关政策，为学生接受创新创业教育创造良好的环境，及时发现具有创新创业潜力的学生，并给予其有针对性的指导。学生作为被教育者更应该以身作则，加强创新创业意识方面的培养，自发组织相关创新创业活动，积极加入相关社团，充分发挥大学生的主观能动性。

2. 始终加强大学生创新创业教育师资队伍建设

教师队伍是实施创新创业教育教学的核心力量，教师教育教学能力直接影响教育创新创业教学目标的实现。大学生创新创业教育作为一门新课程，大多数高校缺乏甚至没有相关师资，因此，必须加快相关师资队伍建设的步伐。

首先，可以在原就业指导课和思想政治理论课教师中积极择优推荐教师参加教育主管部门组织的相关培训，以培促教。

其次，积极外出观摩学习，交流经验，尤其重视深入大学生创新创业省级示范性孵化基地参观学习。

最后，积极引导和鼓励教师提高自主学习能力，加强相关创新创业理论研究和实践探索，提升创新创业教育教学理论水平和实践能力。

3. 丰富拓展大学生创新创业教育资源

大学生创新创业教育的教育资源主要分为两种，一种为校内教育资源，另一种为校外教育资源。在拓展校内教育资源的过程中，可以采用开放实验室的方式，激发学生对大学生创新创业的兴趣。学生在创业实验室中可以自主学习，制定创新创业项目，为接下来的创新创业活动作准备。在拓展大学生创新创业教育校外教学资源的过程中，可以建设校外创新创业实践基地，学生可以在实践基地开展创新创业活动，感受真实的创业过程。另外，学校还要为学生提供学习创新

创业的机会，不断提升学生的实践能力，使学生能独立开展创新创业活动，同时具备合作创业的能力。无论是独立创业，还是合作创业都有利于提升大学生的实践能力。

校企合作也是拓展校外教育资源的有效方式之一，这种方式与建立创新创业实践基地相比成本较低，应用的范围较广。学校可以与当地相关企业展开合作，企业为学校提供实习岗位，学校为企业输送专业人才，这种互利互惠的方式不仅能提升企业的经营质量，还能提升学生的实践能力，从而实现社会教育资源利用最大化。

4. 有效提升大学生创新创业课程规范化管理水平

课程规范化管理是加强课程建设的重要内容。大学生创新创业教育课程同样如此，各高校务必重视。

首先，要系统研究制定创新创业教育课程建设规划，在规划的基础上，制定创新创业课程教学大纲或教学标准，根据标准和学校教育教学实际情况科学安排创新创业教学计划。

其次，在日常教学运行过程中，加强过程管理，将创新创业课程纳入教学质量监控体系，确保创新创业教学质量。

再次，必须重视创新创业课程教材建设，重点选用国家规划教材，有条件的高校可以结合自身实际，组织教师编写校本教材。

最后，在日常教学过程中，必须重视实践教学环节，加强创新创业校内外实践基地建设，为大学生提供亲身感受或直接参与创新创业活动的机会和平台。

5. 高度重视大学生创新创业教育环境体系建设

环境对人的影响是潜移默化的，有效增强大学生创新创业意识，提升大学生创新创业能力，必须积极营造良好的教育教学环境。

首先，学校要自上而下重视大学生创新创业教育，积极营造创新创业教育氛围，通过一系列活动，让大学生深刻体会到"大众创业、万众创新"时代的活力，自觉投身到创新创业行动中去。

其次，广大家长要了解相关国家战略，理解学校开展创新创业教育的目的和初衷，支持大学生积极接受创新创业教育。

最后，政府部门要引导社会舆论，为大学生创新创业提供宽松的社会环境，坚决抵制和处理影响大学生创新创业的非法言论，同时，积极为大学生创新创业提供政策支持，尤其是资金和技术层面的支持。

6. 广泛应用新型的大学生创新创业教育模式

要应用新型的大学生创新创业教育模式，新型模式将大学生创新创业教育中的教育模式分为三个阶段：第一阶段为普及阶段，重点对学生的知识层面进行普及；第二阶段为提升阶段，重点对学生的创业能力展开教育；第三阶段为转化阶段，重点在于提升学生的个人素质。这三个阶段在实际创新创业教学开展过程中要紧密联系，层层相扣，使大学生在创新创业教育过程中正确认识自己，学会分析当前形势，进而制订出有效的创新创业计划，提升创业成功的概率。

第四节　高等院校开展创新创业教育的重要价值

1. 促进社会经济发展

现如今，促进各项事业创新发展的首要任务是培育出一批基础扎实、视野宽阔、综合素质高且具备国际竞争力的创新创业人才。在整个社会人群中，青年是最具有活力及发展力的群体，大学生具备积极向上，敢于拼搏的精神，学习能力也比较强，因此，对处于青年阶段的大学生进行创新创业教育能够将创新创业教育的价值无限放大。另外，大学生群体是一个庞大的智能群体，是创新创业的生力军，通过落实创新创业教育，践行产学结合，可以促使大量科研成果转化，促进社会经济事业得以稳定发展。

2. 提升素质教育质量

大学生创新创业教育在提升我国素质教育质量方面扮演着重要角色，它通过一系列创新性的教学方法和实践活动，促进学生的全面发展，提高了整体教育水平。首先，大学生创新创业教育培养大学生的创新精神和实践能力；其次，大学生创新创业教育促进大学生的学科学习与综合素质提升；再次，大学生创新创业教育有利于增强大学生的社会责任感和使命感；最后，大学生创新创业教育有助于营造积极向上的校园文化氛围，激发学生的创造力和潜能。总之，创新创业教育不仅是培养学生创新精神、创业意识和实践能力的重要途径，也是促进教育现代化、提升素质教育质量的重要驱动力。

3. 拓展就业机会

大学生创新创业教育要融入以人为本的思想,从而提升大学生创业的竞争力,增加大学生的就业机会,最终达到促进学生个性发展的目的。对大学生而言,与成才相比,成人更加重要,在成人的过程中,学生需要形成良好的道德品质及精神世界,而成才是指学生需要具备缜密的思维模式及学习态度,二者有着本质上的区别。大学生创新创业教育实践在实际开展过程中不仅能锻炼大学生的各项能力,比如创新能力、社交能力等,还能提升大学生的综合素质,是培养大学生综合素质的有效方式。在当今的就业形势下,只有提升学生的个人素质,才能提升学生在实际创业中的成功率;只有改变传统的就业观念,提升学生的就业理念,才能保证大学生创新创业教育开展的同时,达到拓宽就业机会的目的,最终促进社会的良性发展。

4. 促进大学生全面发展

高等院校在培养大学生的过程中,开展创新创业教育能够促进大学生的全面发展,满足全面发展教育对大学生的要求。另外,还可以将思想政治教育与大学生创新创业教育相结合,这种方式能够将大学生的社会价值充分发掘出来,在理论结合实践的同时实现社会价值与个人价值的统一。由此可以看出,大学生创新创业教育不仅能提升大学生的综合素质,还能提升大学生的社会价值,最终实现社会与人才发展的统一。

随着高校教育大众化的快速发展,大学生毕业人数的不断攀升,大学生的就业出现了结构性的困局,创新型国家的建设和社会的可持续发展也越来越需要更加优秀的毕业生。创新创业活动成为了科技转化为生产力的有效桥梁和现代经济发展的重要引擎和有效推动力,创新创业活动也是推动经济区域发展、促进人的全面发展、实现创业者生存与自我价值的有效途径。对于高等院校来说,创新创业教育更是一种革命性的理念,昭示着高等教育改革发展的方向和目标,培养具有创新创业意识、创新创业精神和能力的大学生也必将成为各大高校不断创新发展,提升核心竞争力的最佳途径。

第二章　艺术设计类大学生职业生涯发展规划概述

第一节　职业以及大学生职业核心能力概述

"职业"(career)是个人参与社会分工，利用专门的知识和技能，为社会创造物质财富和精神财富，获取合理报酬，并作为物质生活来源的工作。看来，"职业"(career)不同于"工作"(job)，职业问题不是单纯地找一份工作，然后认真努力地去工作的问题，职业更包含着人的精神追求，人生自我价值的实现。但是"职业"也不能等同于"生涯"，一个人一生的幸福不是仅凭一份好工作就能解决的，职业并不是实现人生自我价值的唯一途径。

大学生职业核心能力是大学生在专业学习之外必须塑造的岗位核心能力之一。大学生职业核心能力是在有效职业场域内，大学生所具有的一种特定能力和核心能力，主要包含有自我管理能力、团队合作能力、信息处理能力和创新创业能力等，它是专业能力之外取得成功的必备能力，在职业发展过程中职业核心能力的有效选择和应用，可以更好地展示自己和达成目标，在职业角色转换过程中这种能力可以得到有效的迁移。大学生创新创业教育需要全面客观地塑造大学生的职业核心能力。

一、职业核心能力的构成

从职业核心能力的定义可知，职业核心能力是一种综合性的能力，从构成角度，将职业核心能力划分为基本能力(一般性的职业能力)、专业能力和综合能力

(关键能力)三个组成部分。

一是基本能力(一般性的职业能力)。基本能力(一般性的职业能力)是指学生个体的学习能力、对语言文字的使用能力、对数学等基本理论知识的运用能力、空间上的判断力以及各类感知能力等。在职场中，个体需要与其他职场人相互接触，需要与不同的职场个体打交道，因此，还应当具备团队协作能力、人际交往能力、环境适应能力、心理抗压能力等，这些都是与职业过程密不可分的基础能力，也就是基本能力。

二是专业能力。任何职业都需要具备一定的职业技能，这种职业技能是与个体所在专业密切相关的，是一种工作胜任力的体现。对于生产一线的职工，应当具备相应的设备操作能力，对于教师应当具备相应的教学能力，对于环境艺术设计人员应当具备基本的设计方案、手绘和绘图技术等能力。这些都是与专业息息相关的能力体现。

三是综合职业能力。在学术界，综合职业能力也被称为关键能力，这种关键能力是与个体能否实现职业生涯的可持续发展密切相关的。综合职业能力包括以下几个方面：

(1)跨专业能力。如果说个体在某个职业上具备的专业能力是基础性的专业能力，那么这种跨专业能力应当是专业能力的延伸和拓展。例如，环境艺术设计专业必须熟练掌握基本的 PS 技术、色彩渲染、三大构成、设计基础等。计算机使用操作能力，以服装设计专业为例，相关软件的使用和操作能力不仅仅是计算机专业人才的必备职业能力，也是服装设计人才开展样板设计等工作的必需能力，虽然与服装设计专业没有直接联系，但是在实际工作中却是必不可少的能力，这类能力都可以被称为跨专业能力。

(2)方法论的总结和提升能力。工作需要一定的方法，方法不仅仅来自他人的传授，更来自自身的工作经验总结，个体在开展工作的过程中会遇到各种情况，积累很多的工作经验，如果个体能够从经验中总结教训、提炼方法，就具备了方法论的总结和提升能力，对个体职业能力的提升有着重要而积极的作用。

(3)社会能力。职场不是封闭的空间，个体需要与形形色色的上级、同事甚至其他单位和部门的人员打交道，有时还需要与客户打交道，那么人与人之间的社会交往能力就是必不可少的。

(4)个人能力。这里所指的个人能力不是个人的工作能力，而是个人的品格和道德，是一种职业道德的能力体现。具备良好职业道德的人，能够获得更多的社会认可和支持，能够在工作中承担更重要的职责，其职业生涯的发展前景更为广阔。

二、加强大学生职业核心能力培养的重要意义

大学生职业核心能力是以个人专长为核心的知识、能力、素质等各方面的综合体，是指学生个人以其拥有的专业知识为基础，以专业性和实践性为前提，以综合性和全面性为保障，以创新性为灵魂，在知识、道德、能力、素质等方面具备竞争优势的能力。大学生职业核心能力是大学生的社会资本、无形资产，我国高等教育的根本目标就是实现大学生的全面发展。培养大学生的职业核心能力，是社会进步和国家发展的必然要求，是高校教育根本目标实现的要求，是促进大学生的全面发展的重要举措。总而言之，培养大学生的职业核心能力有着重要的理论和现实意义。

1. 培养大学生职业核心能力是国家发展的需要

随着经济的发展、社会的进步，世界经济已经成为一个整体，一个国家的经济已经越来越不能离开世界经济而单独发展。科技不断进步，科学技术日新月异，高端科技成果转化为生产力的周期越来越短，知识经济极大地改变了人类生活。另外，当今世界政治风云变幻，综合国力的竞争日益激烈。世界范围内的经济竞争、政治竞争主要表现在市场的竞争，市场竞争的背后是各国科学技术的竞争，归根结底是人才的竞争。而人才竞争能力最重要的体现就是职业核心能力。大学生是国家的人才和栋梁，是未来社会主义的接班人和建设者，承担着艰巨任务和历史使命，是竞争的主体。因此，培养当代大学生的职业核心能力，无论在国际竞争上还是在国内建设上都具有重大的理论和现实意义。

（1）培养大学生职业核心能力是我国进行社会主义现代化建设的需要。党的十六大报告中明确指出，我们要在 21 世纪头二十年，集中力量、全面建设惠及十几亿人口的更高水平的小康社会，使经济更加发展、民主更加健全、科教更加进步、文化更加繁荣、社会更加和谐、人民生活更加殷实。我们还必须清醒地认识到，我国的基本国情即我国处于并将长期处于社会主义初级阶段。我国目前的

主要矛盾仍然是人们日益增长的美好生活需要和不平衡不充分的发展之间的矛盾。大学生作为未来社会主义的建设者与国家发展的生力军，要肩负起时代和民族赋予的伟大历史使命，就必须全面提升自己的职业核心能力，不断充实完善自己，使自己得到全面发展，以卓越的才智为社会、为国家多作贡献，创造更多的物质和精神财富。

(2)培养大学生职业核心能力是我国参与国际竞争的需要。当今社会，国家与国家之间的较量与竞争已经是以经济实力和科技力量为核心的综合国力的比拼。综合国力的增强需要人才，尤其需要大量具有职业核心能力人才的培养。随着我国经济的发展、社会的进步，在国际上遇到的竞争也将日趋激烈。培养具有职业核心能力的人才是我国在国际经济发展、政治进步与文化繁荣的竞争中继续处于不败之地、不断提升国际地位的关键因素。作为时代先锋和社会精英的大学生群体将成为参与国家竞争的主体，只有不断学习科学文化知识、增强自身的能力和素质，不断提升自己的职业核心能力，才能实现服务祖国，参与国际竞争并取得胜利。

2. 培养大学生职业核心能力是高校实现教育目标的需要

高校是培养人才的摇篮。大学校园是学生学习知识、增强能力、塑造人格的关键场所，高校教育对大学生成长成才具有重要的作用。主要表现在以下几点：

第一，从高等院校的任务方面来看，大学是进行专业教育的重要阶段，亦即大学阶段是广大学生从懵懵懂懂的"求学期"向富有实践能力的"创造期"转变的过渡时期。作为小型社会的高校校园，是大学生了解社会、发展自我、磨砺自我、迈向社会的重要一环。

第二，从人的智力发展规律来看，大学时段是一个人精力旺盛、反应速度敏捷、记忆力强的最佳时段，同时学生的各方面能力诸如语言表达能力、创新能力、比较判断能力、思维理解能力、心理承受能力等还在迅速向上发展的时期。概言之，高校教育对于学生的发展具有至关重要的作用。

(1)培养大学生职业核心能力有利于推进高校教育改革的进程。如前文所述，我国的高等院校教育教学改革一直努力全面推进素质教育、提高大学生的综合素质。大学生的职业核心能力的培养也正是以人为本，实现大学生的全面发展的过程，与我国高等教育改革的目标、方向是相一致的，可以为高等教育的改革提供新的路径和抓手，必将有利于推进高校教育改革。

(2)培养大学生职业核心能力有利于实现高等院校教育的人才培养目标。宏观上来看，高等院校教育的目标是培养德智体美劳全面发展的社会主义建设者和接班人。具体而言，高等院校培养的人才要与市场对接，要培养符合市场需求的高质量人才，也就是要培养具有职业核心能力的人才。因而，大学生职业核心能力的培养必然有利于实现高等院校教育的人才培养目标。

3. 培养大学生职业核心能力是大学生自身可持续发展的需要

(1)培养大学生职业核心能力有利于大学生更好地应对就业竞争。随着市场经济的进一步发展，大学生的就业体制由计划体制逐步转向市场体制。加之在近年高校毕业生数量急剧膨胀的形势下，大学生就业的难题似乎变得更加严峻和突出。要就业就必须有职业核心能力，以往大学生就业难的主要原因是需求结构与供给结构的不对称，特别是人才供给结构与职业技能需求结构严重脱节。在当前形势下，大学生就业困难原因又增加了新的情况，即在一定时间或空间上存在人才供大于求的新情况，如欠发达地区人才发展条件与提供者意愿严重脱节，发达地区和热门行业提供的就业岗位又远远不能满足供给者需求等，出现了诸如千人竞争一个岗位、大学生与农民工同台竞聘等现象。

市场经济强调竞争，就业的市场导向讲究的是人才的实力。于是，培养大学生的职业核心能力，对大学生的就业而言十分重要。

(2)培养大学生职业核心能力拓展了大学生未来的发展空间。职业核心能力不仅仅是一种个人能力的培养，更是个人综合能力素质的集中体现，最重要的是实践能力和创新创业能力的培养和提升。据《中国大学生择业价值观及求职心理调查报告》显示，四成大学生希望工作几年后成为主管或经理，也就意味着很多人都希望在走上工作岗位后能够得到长足的发展。要实现这个愿望需要具有以创新创业能力、较高的综合素质为基础的职业核心能力。职业核心能力的培养和提升为大学生可持续发展拓展了空间。职业核心能力的培养和提升对于大学生掌握、运用理论知识，发现机遇，实现自我具有重要的意义。当代大学生要想在就业大潮中抓住机遇，实现自己的人生价值，最基本的就是要增强自己的职业核心能力。"机遇是偏向于有准备之人的"，一个拥有职业核心能力的人，无论在学校生活中，还是以后迈向工作岗位进入单位之后容易被发现和重用而获得更多的发展机会，从而拥有良好的职业发展基础。

三、大学生创新创业教育职业核心能力塑造提升路径

1. 提升大学生创新创业核心能力的意识

大学生创新创业核心能力的塑造需要树立全新的育人就业观念，创新创业育人观需要塑造大学生社会主义共同理想，历练民族精神和时代精神。大学生职业核心能力塑造是社会转型发展和高校创新人才培养的重要内容，高校在创新创业教育过程中应坚持以社会主义核心价值观为统领，培养大学生创新创业核心能力，转变以往只注重专业理论知识的传授而忽视学生职业核心能力锻造的做法，需要将大学生创新创业核心能力培养提升到国家战略高度，树立大学生创新创业教育职业核心能力塑造的思想意识，高校应通过课程教学、创业实践、创业孵化基地、设计工作室等多种形式和途径进行培育。创新创业核心能力塑造的氛围需要社会、高校、大学生和家庭成员等多方共同努力营造。高等院校应该发挥自身优势给予大学生扎实的创新创业知识和综合性的创新创业实践能力，通过创新创业竞赛、创新创业课程、创新创业实战平台、创新创业实习实训基地等为学生提供职业核心能力塑造的多种途径，创新创业教育更需要培养大学生创新意识和创业精神，引导大学生深刻理解创新创业的社会价值和意义。

2. 构建"三位一体"的大学生创新创业教育职业核心能力课程体系

高等院校大学生创新创业核心能力"三位一体"课程主要是指高校在创新创业课程构建过程中要从"创新创业课程目标融合""创新创业课程内容融入""创新创业课程形式衔接"三个维度进行有效构建。高等院校应以社会主义核心价值观为统领、以塑造职业核心能力为目的构建"创新创业课程"体系，大学生创新创业核心能力培养需要专门的课程体系进行系统化培养，同时也需要将其融入各科专业教学过程。

首先，创新创业课程目标需要更新。创新创业课程目标需要将创新创业课程国家目标、创新创业课程行业目标和创新创业课程高校目标进行有机融合，创新创业教师在教学过程中不能单纯完成高校创新创业课程目标，也不能只关注创新创业课程行业目标，而是需要融入行业精神要求。

其次，创新创业课程体系内容需要融合。创新创业课程体系内容需要"创新

创业基础"" 创新创业核心素养"等专门课程，同时需要将社会行业精神和行业要求等内容融入学习过程，大学生不仅要了解校内创新创业教育的内容，也要熟知社会行业要求和标准，这样才使创新创业活动更有方向性和可操作性。

最后，创新创业课程体系形式需要多样化。创新创业课程体系形式上要实现"理论课程"和"实践课程"结合、"线上课程"和"线下课程"结合、"隐性课程"和"显性课程"结合。一是大学生创新创业课程学习既要掌握创新创业理论知识，又要通过实践课程锻炼将所学知识转化为创业的实际能力，这里的实践课程应该有利于创业大学生将自己创新创业项目和创意得到初步的实施和检验。二是高等院校应该及时提供给大学生创业孵化基地、创业实验室等创业实践平台；创新创业课程体系线上资源可以借助移动互联网技术组织开发一批优质的创新创业教育资源共享课，通过 Mooc 的形式及时将创新创业智慧、技能和精神传播给每一位创业者；创新创业课程体系中隐性课程和显性课程同等重要，显性课程是有规划，有明确目标、实施路径和评价标准的学习规划，是创新创业教育主体形式，隐性课程主要表现为校园文化环境、同辈群体等没有固定计划和实施路径的教育影响，但是它们确确实实在大学生创新创业教育过程中发挥着重要作用。

3. 组建专业的大学生创新创业师资队伍

大学生创新创业职业核心能力的培养需要一批学缘结构合理、创业实践经验丰富的教师队伍。创新创业教师是实施创新创业教育的关键环节，他们既是创新创业教育活动的组织者和管理者，又是创新创业教育活动的研究者和拓展者。大学生创新创业教育的有效实施需要一大批具有创新创业理论知识体系的专职老师，同时创新创业指导教师还应该具有丰富的实践经验，这种"双师型"教师需要高校有规划地培养和引进，所谓创新创业教师的培养是高校要通过有效的整合，在现有师资队伍资源中遴选创业教师，可以通过教师创新创业教育培训、进修和个人自学等方式进行。所谓创新创业教师的引进是指高校应该从社会上行业内聘请创业经验丰富的创业成功者、企业家、行业能手、风险投资人等充实到创业师资队伍中来，组成一支既有理论高度又有实战技能的创新创业导师团队。大学生创业核心能力的养成需要创新创业导师系统、规范、全面的教育和影响，在创新创业教育过程中导师需要传授给学生创业的基本知识、技能，更重要的是培养大学生的创新意识和创业思维。

4. 以职业核心能力为核心构建大学生创新创业有效场域

高等院校需要构建"三三一"形式的有效创业场域,高校创新创业教育需要利用"三种载体",提升"三种状态",培育"一种核心能力"。大学生创业核心能力塑造需要一个稳定、专业、高效的创业展示平台,高校创新创业教育核心能力塑造需要依托稳定的高校创新创业孵化基地、创新创业竞赛、团学活动三种有效载体进行。李克强同志在首届"互联网+"大赛中批示,强调"大学生是实施创新驱动发展战略和推进大众创业、万众创新的生力军,既要认真扎实学习、掌握更多知识,也要投身创新创业、提高实践能力"。高校大学生创新创业需要提升大学生的三种创业状态,一种状态是大学生没有创新创业的欲望和意识,部分学生遵循传统的就业和学习方式按部就班地完成自己学习、锻炼,找到一个就业岗位;第二种状态的大学生有强烈的创新创业欲望但却无从下手,他们尤其需要在创新创业的道路上得到一次展示自己创新创业能力的机会和社会大众的认可;第三种状态是处于第一和第二种状态之间的学生,这部分学生绝大多数有创新创业的想法,但苦于没有合适的平台而在创新创业的道路上左右摇摆。大学生创新创业教育应塑造以"自我管理能力""信息处理能力""团队合作能力"等为基础的职业核心能力。大学生创新创业的创意可以通过创新创业竞赛、大学生创新创业孵化园等多种形式的创新创业平台进行展示和打磨。

5. 完善大学生创新创业核心能力机制保障,形成可持续发展

大学生创新创业教育核心能力机制保障需要构建政策环境、社会环境、大学校园创新创业环境等诸方面协调联动方式。大学生创新创业保障机制需要国家政策环境的支持和引导,国家有关部门出台了一系列有关创新创业的支持性文件,如国务院办公厅颁发《关于深化高等学校创新创业教育改革的实施意见》(国办发〔2015〕36号)强调高校应建立大学生创新创业的保障管理机制,设立创新创业鼓励基金,允许大学生休学创业,实施创新创业学分积累和转换机制等一系列政策措施等,创新创业氛围已经在社会中形成,与之形成鲜明对比的是高等教育作为创新创业的重要领域还没有构建完善的创业机制。高校大学生创新创业无论是从思想认识还是从实际创新创业技能上都没有达到社会所期望的效果,高等院校需要完善以创新创业职业核心能力为基础的"社会—校园"全流程协同育人机制,高等院校在现有教育基础上完善创新创业课程学习与建设,为大学生提供理论与实操相结合创新创业课程学习。高等院校强化大学生创新创业服务平台、创新创业基金的作用,在大学生创新创业初始阶段为他们提供基本设施保障、项目孵化推广、创新创业成果展示和融资等服务,有效联通大学生创新创业项目与行业企业通道,助推大学生创新创业成功起飞。这种全流程协同育人机制还要全面融入高校人才培养方案,高校各专业人才培养方案应主动和新业态、新环境相融合,将行业精神和要求转化为创新创业课程内容,高校需要建立一批校外专业实践基地、创业孵化基地等平台,通过这些平台锻炼提升大学生创新创业实践能力。

第二节 大学生职业生涯规划研究的意义

现代社会变化迅速,经济环境日新月异。在这个时代,职业生涯规划的重要性不可忽视。职业生涯规划可以帮助大学生更好地适应这个快速变化的世界,找到真正适合自己的职业方向,使他们的学习、实践和职业发展形成一种良性循环。

大学生涯是人生中一个极为重要的阶段,它既是我们专业知识的积累期,也是大学生人格健全、视野拓展的关键时期。在这四年里,大学生们需要有清晰的职业目标和规划,使他们的学习更具针对性,从而为未来的职业发展作好准备。

近几年,大学生就业问题面临着严峻的考验,在高等教育体制改革不断深化和就业方式日益转变的背景下,高等院校有效开展大学生职业生涯规划指导和创新创业教育显得非常重要。现实社会中很多企业通过众多的招聘途径寻找不到企业所需要的人才,出现了人才培养和社会需求脱节的不良现象。随着大学生群体的日渐扩招,在这个人才激烈竞争的时代,即将毕业的大学生如何在众多竞争者中脱颖而出,如何把自己的技能、能力和企业的需要做到无缝对接,这是值得深入思考的一个问题。大学生群体在高等学校大多面对的是理论学习,知识、技能大多停留在简单认知、理解的相对浅层次,企业对人才需求的层次与这种单纯理论学习有一定的差距,这一问题是大学生必须要面对且又要及时解决的。摆脱高考的压力,走进了向往的大学校门,在这样一种完全自主、学习轻松的环境中,难免会让很多大学生找不到自己努力的方向和目标,把看似长时间的大学学习生涯荒废掉，毕业时反而感慨自己什么也没学到，面对大学生群体大多无助、无计划、无目标的心理，职业生涯规划对大学生来说是一个明确的指向标。

职业生涯跨越人生最宝贵的黄金时段，每个人都希望从职业生涯的磨炼中得到成长和不断发展。对未进入职场的大学生，通过职业生涯发展规划，可以使自己的学习以及职业有个方向，从而围绕着这个方向，充分利用好大学生活，不断发挥自己的潜能，努力实现自己的人生目标。基于这些现状，如何规划好大学生的职业生涯，从理论和现实的层面把握好高等院校职业生涯规划存在的问题，具有重要的理论和现实意义。

一、理论意义

目前，职业生涯规划的理论研究相对不足，并且针对国内大学生职业生涯发展规划的具体实施方案还没有充足和完善的理论研究，很多学者从管理学的角度出发，结合教育学、心理学的知识，提出具有建设性的职业生涯发展规划方案，运用管理学的 PDCA 理论对职业生涯发展规划进行全程跟踪和修正，大学生职业生涯规划流程制定和 PDCA 原理的结合在职业生涯实施中有重要的可借鉴性，同时思维导图理论在大学生职业生涯目标制定方面有很大的可操作性。PDCA 循环论、思维导图理论等的应用丰富和发展了职业生涯发展规划理论。

二、现实意义

对于乐观主义者而言，职业生涯规划是最基本的保障。从职业生涯发展规划的概念、制定程序、规划原则和大学生的能力培养等方面进行系统的总结与归纳，通过问卷调查发现高校大学生职业生涯规划存在的问题，提出相应对策，可以为高等院校大学生职业生涯发展规划提供一个较好的指导。

第一，可以帮助高校大学生有效地进行自我定位。

高等院校大学生远离高考紧张的学习状态，进入大学这个完全自由放松的空间，难免会找不到自己的努力方向，学习、生活会出现一种懒散局面，这种不良局面的长期存在，会让大学生产生盲目和自卑的心理。职业生涯发展规划的前提就是认识自我、了解自我，通过个人资源分析，评估自己的能力，明确自身优势和劣势，发现自己的兴趣爱好和特点，明白"我想干什么"和"我能干什么"的问题，给自己一个正确、明确的定位，确定符合自己兴趣和特长的职业生涯路线，正确设计自己的职业发展目标，通过定位，明确努力方向，在弥补自己缺点的基础上充分发挥自己的优势。

第二，可以提高高校大学生学习的主观能动性。

大学的学习完全是开放式的主动性学习，只有具有明确的目标才能激发大学生的学习动机，学习动机促成内在动力，在内在动力的驱动下大学生才会有学习的主观能动性，即我为什么学习？随着社会经济水平的不断发展，社会发展和职业需求要求学生具有创新意识和创业能力，这就要求大学生要不断思考、不断进步，探索新的领域，学习的主观能动性是创新创业能力提高的基础，良好的职业生涯规划可以帮助学生制定明确的职业生涯目标，根据职业目标确定行动方案，为了达到既定的职业生涯目标，学生会有一个明确的学习方向，进而合理安排大学时光，充分发挥学生学习的主观能动性，学生在主观学习的同时挖掘自我潜力，全面提高自身素质。

第三，职业生涯规划可以增强学生的职业竞争力。

职业生涯规划可以指导大学生朝自己所认定的职业方向努力并采取相应行动，通过职业生涯规划，学生可以选定自己的求职方向，及时了解用人单位对人才的要求，在以后的学习过程中不断根据用人单位的标准提升自己，达到甚至超过企业的用人标准，即使在没有工作经验的情况下，这部分学生还是具备了一定的职业竞争力。

第四，合理的职业生涯规划教育可以提升学校的核心竞争力。学生从中学到大学，随着生活环境、个人角色和学习方式的转变，不免会带来很多方面的不适应，由此会导致学生奋斗目标不明确和内在学习动机的缺失。及时合理的职业生涯规划指导，可以有效地引导大学生合理安排学习和生活，让学生找准自己的方向和目标，发现自己各方面的优势，弥补和完善不足，找准学习和职业的奋斗目标，在学生自觉确定学习计划和职业目标的同时，增强了学校的学习氛围。在如今就业形势日益严峻的形势下，大学生的就业率也是检验高等院校教育教学质量的一项指标，学校就业指导中心有效合理的职业生涯规划教育有利于提高学生的整体素质和毕业生的就业率，在此基础上提升学校的竞争力。

第三节　艺术设计类大学生的职业发展能力和就业状况

一、艺术设计专业简介

艺术设计是一门独立的艺术学科，它的研究内容和服务对象有别于传统的艺术门类。同时艺术设计也是一门综合性非常强的学科，它涉及社会、文化、经济、市场、科技等诸多方面的因素，其审美标准也随着诸多因素的变化而改变。所以说，艺术来源于生活，反过来又作用于生活。

艺术设计贵在创造活动与设计实践，是设计者自身综合素质（如表现能力、感知能力、想象能力）的体现。各个专业虽然对设计知识的着重点不尽相同，但对于"艺术设计"概念的关于美、节律、均衡、韵律等的要求是一样的。不论是平面的还是立体的设计，学生首先要面对的是对设计对象的理解——对设计对象相关的背景文化、地理、历史、人文知识的理解。

首先，艺术设计最大的特点就是服务性。艺术设计的第一动机不是表达，是对生活方式的一种创造性的改造，是为了给人类提供一种新的生活的可能，不论是在商业活动信息传达中的应用，还是在日常生活的行为方式中的应用，艺术设计就是让人们获得各种更有价值、更有品质的审美体验。它让生活更加简单、舒适、自然、效率，这是艺术设计的终极目的。艺术设计最终的体现是优秀的产品，这个体现我们从乔布斯推出的 iphone 产品中可以完全感受得到，iphone 的设计完全改变了现代人的行为方式，乔布斯的设计梦想就是改变世界，他以服务消费者为目的，用颠覆性、开拓性的设计活动来实现这一目标。好的艺术设计能改变这个世界，好的艺术品能触动世界。

其次，艺术设计的特点就是科学性和合理性。艺术设计的实现手段是理性的，这和艺术品的实现是有区别的，你可以光凭艺术灵感的爆发创作出震撼的艺术品，但你绝不可能光凭借灵感去造出一个好的产品。一个好的产品不是设计者纯自我的表达，是有严谨的科学精神在里面的，是一个合理统筹、有目的的活动，要把自己的观点和观念通过科学的调查、合理的流程规划一步步完善，中间会有各种科学的实验、实践，会有各种数据的考量，会有设计师在艺术追求与实际生活需求的各种妥协，艺术设计产品没有绝对的艺术理想的纯粹性，它始终要以人为本，用消费者获得的体验感去征服人。

最后，艺术设计还是一个综合性的设计活动。任何艺术设计都不是一个或两个学科能够独立完成的，在实现阶段是一个工业化的过程，在纸上的创意只是一个概念的产生过程，一旦进入制作环节就需要其他学科理论和技术的支持，靠一个人来完成几乎是不可能的，但是艺术品的创作往往是一个人的事情，人多了反而会阻碍艺术观点的表达。各种材料的研究、电脑技术的应用、数据的整理、工业化的生产以及产品的销售，等等，都是艺术设计不能绕开的问题，这是个庞大的工程，不是一个人光凭激情就能做到的事，艺术设计师不但要有艺术设计的才能，更要有合作的精神，还要有合理统筹整个流程的能力。

在我国，所谓的艺术设计工作主要涵盖环境设计、平面设计、视觉传达、产品设计、装潢设计、影视动画设计等相关工作。尽管业界对艺术设计的叫法有很多种，但涉及的设计专业知识都是相通的，艺术设计几乎涵盖了所有与"美"有关的领域。

二、艺术设计专业职业核心能力要求

本书参考了国内外关于核心技能内容的分类，以及国内外学者对职业核心能力的研究成果，结合艺术设计专业相关行业、企业的用人需求以及艺术设计专业特色，归纳出了与艺术设计专业相关的八种职业核心能力，并划定了具体的评估标准，具体参见表2-1。

表2-1 艺术设计专业八种职业核心能力与评估标准

职业核心能力	含　义	评　估　标　准
与人交流能力	有表达观点、获取、分享资源的能力	有能力掌握交流的主题以及交流的时间和方式，能够了解对方谈话内容的同时可以表达自己的观点，最后能整理汇总出自己的观点

续表

职业核心能力	含　义	评 估 标 准
与人合作能力	有合作技巧，能够促进合作达成，完成合作任务	1. 积极争取合作伙伴，制订合作方案 2. 理解合作目标，掌握工作标准，清楚优势和劣势，调整工作角色 3. 执行合作任务，合理安排工作内容，协同合作
自我学习能力	制订目标与时间表，合理安排学习内容，并灵活调整以适应市场与个人变化确保学以致用	1. 高效管理时间，合理安排学习任务，善用媒体与技术，优化学习计划，提升学习效率 2. 主动将学习成果迁移，以提升学习质量
数字应用能力	能根据实际需要，运用采集数据的一般知识和基本技巧，灵活、高效地获取数据，密切配合专业知识的学习	1. 采集与解读数据，掌握阅读法、网络法等获取数据的途径、方法和手段，能解读各种图表，会分类编制图表，掌握数据量化的知识和方法 2. 具备数字运算能力
信息处理能力	运用多种媒介、方式保存重要的信息和文档，进行综合的信息处理工作，利用相关信息，解决工作和生活中的具体问题	1. 了解对信息收集的具体要求 2. 了解信息获取的渠道和资源 3. 了解整理信息的知识与方法；去伪存真，鉴别、提炼有用信息 4. 掌握文、图、表等多种形式传达信息的方法
解决问题能力	能运用自己已有的知识和能力解决实际问题	1. 能理解问题的关键原因、提出解决方案 2. 能选定最佳方法以及得到他人的支持 3. 了解解决问题有效的方法和步骤

续表

职业核心能力	含 义	评 估 标 准
创新能力	能够提供不一样的新思想、新方法的能力	1. 善用观察、类比、推理的方法表达，并提出问题。 2. 对事物有着强烈的好奇心，并能想办法解决问题 3. 具有敏锐的观察能力随时发现、启发问题。
终身学习能力	能调用自己的已有知识、智力、技能，获得新的知识，从而顺利完成某个活动的能力	1. 有改变与学习的能力 2. 有探究意识的能力 3. 有意义构建的能力 4. 有创造力 5. 有学习关系的能力 6. 有战略意识和心理弹性能力

三、艺术设计类大学生就业特点和成因分析

(一)艺术设计类大学生的就业特点

1. 地域局限性强

根据对产品设计专业、数字媒体艺术设计专业、环境艺术设计专业和视觉传达艺术设计专业毕业生的访谈，本书发现艺术设计类毕业生就业集中分布在北京、上海、广州、深圳等一线城市，少量分布于二、三线城市和生源地。这是因为，与艺术设计相关产业的发展水平是和当地经济发展水平正相关的，一线城市对于艺术设计类商品及服务的市场需求较大，吸纳艺术设计类大学生就业的能力强，相关的职业发展前景也相对广阔。相反，二、三线城市能够提供的艺术设计类就业岗位少，且职业发展空间小，薪酬水平也低，不利于毕业生的长远发展，因此很多毕业生会选择在北、上、广、深等一线城市就业。

2. 职业选择性高

大多数艺术设计类大学生崇尚自由和个性，他们不愿意被一成不变的条条框框所束缚，因此在选择职业时大多数艺术设计类毕业生更看重专业的对口性而不是工作的稳定性，很多毕业生会选择进入门槛较低但专业对口的中小型企业积累经验，工作几年后跳槽到待遇更高、发展空间更大的企业或者进行创业。用人单位和毕业生一般不签订长期的正式劳动合同，灵活就业率高。

3. 就业面窄，与其他专业就业率差距大

艺术设计类学生将主要精力放在专业能力培养上，文化课基础薄弱，英语水平普遍较差，因此他们的就业面得不到有效拓展，转行成本高。客观上，相对于其他专业，社会能够提供的艺术设计类工作岗位较少。主观上，艺术设计属于高投入、高回报的行业，学生们也不愿意转行。很多毕业生面临"毕业即失业"的窘迫现状。此外，艺术设计类各专业就业率情况差距很大。工业设计、产品设计、数字媒体设计、视觉传达等设计类专业就业率相对较高，而环境设计、公共艺术设计等纯艺术设计类的专业则很难就业。

4. 待业率高，考研率低

一方面，艺术设计类学生家庭条件相对较好，毕业后经济压力不大且"等父母、靠父母"思想严重，另一方面，学习艺术设计投入的成本比较高导致就业期望值高，很多艺术设计类大学生抱着"宁缺毋滥"的想法，宁可选择在家待业，也不愿意降低要求。除此之外，由于各种原因，艺术设计类大学生的考研率比较低。根据相关数据显示，虽然现在艺术设计类学生考研率呈逐年上升趋势，但仍明显低于其他专业。

(二) 艺术设计类大学生低就业率的成因

艺术设计类大学生就业率低的原因是多方面的。通过走访用人单位、与学校教师访谈、与毕业生面谈、查阅相关资料等方式并认真分析艺术设计类大学生的就业特点，本书归纳出以下几个方面的原因：

1. 政府对艺术设计类大学生就业扶持力度不够

目前，大城市岗位需求量大，发展平台广阔，而小城市和偏远地区艺术设计类相关产业发展滞后，表现出很强的地域性。政府对小城市和偏远地区的艺术设计类产业开发扶持力度弱，无法为毕业生创造足够的工作岗位。虽然政府出台了相关政策引导和鼓励毕业生到小城市和偏远地区就业，但是缺乏针对性，特别是对艺术设计类毕业生吸引力严重不足，令他们很难投身基层岗位，也无法在基础工作中发挥其专业特长。

2. 社会对艺术设计类大学生存在偏见

很多用人单位认为艺术设计类大学生崇尚自由与个性，从而缺乏脚踏实地的工作精神和团队协作能力，但其实性格特征与工作态度并不能画等号。很多设计类的工作强度和压力是其他工作不能比的，反而更能培养出认真负责、吃苦耐劳的优秀品质。设计工作多数需要团队完成，通过大学时期的培养和锻炼，艺术设计类大学生具备的沟通能力、协调能力也是很多专业学生所不具备的。

3. 家庭对艺术设计类大学生缺乏正确的引导

很多艺术设计类大学生并不是出于主观意愿而学习艺术设计专业的，而是由于文化课成绩差才踏上艺考之路，目的仅仅是到大学里混张文凭。然而理想信念直接影响着学生们的学习目标和求职动力，这种消极的信念会从学生的思想上阻碍其健康成长。家长应该加强正面引导，帮助孩子树立正确的理想信念，尽早地打消他们"等父母、靠父母"的思想，鼓励他们自主择业、创业，并加强心理疏导和挫折教育。

4. 高校的培养模式、教学质量影响艺术设计类学生就业，就业指导缺乏针对性

俗话说"打铁还需自身硬"，艺术设计类大学生的专业水平直接关系到就业能力。从整体上看，高校的培养模式和课程设置还不能满足社会的需要。首先，高等院校必须创新培养模式、优化课程设置、严把教学质量关。其次，高等院校应该加大艺术设计实践教学比重，鼓励学生在实践中培养专业能力并更多地了解社会需求。目前高校就业指导和理论研究针对的主要是非艺术设计类大学生，对艺术设计类学生针对性不强，指导效果不理想。

5. 艺术设计类大学生就业期望值过高，职业生涯规划意识淡薄

普通高校艺术与设计学院本科生每学年学费接近万元，四次写生和文化考察的费用累计逾万元，再加上购买绘画工具、教材、摄影器材和日常生活费用，一

个艺术设计类本科学生四年累计投入超过 10 万元。所以很多艺术设计类大学生就业倾向呈现出"高投入、高回报"的特点。但这与用人单位的招聘倾向是背道而驰的。除了就业期望值过高，艺术设计类大学生普遍职业生涯规划意识淡薄，等到大四时才开始收集就业信息，对校招依赖性高，也导致艺术设计类的毕业生网络应聘率、自主应聘率低。

四、阻碍艺术设计类大学生的职业发展能力提升的影响因素分析

艺术设计类大学生相对综合类大学生来说，他们的就业率较差、职业发展能力相对较弱。职业生涯规划意识淡薄是艺术设计类大学生群体最突出的表现。大多数艺术设计类专业的毕业生，对其自身的艺术发展有较高的期待，希望未来能在艺术设计专业领域取得傲人的成绩，并以本专业作为其理想职业。但是这种较理想化的想法，常常在他们面临就业的时候成为他们的阻碍。对于大多数艺术设计类大学生而言，顺利通过专业考试是他们高中时非常明确的目标。但是进入大学后，如何根据自身特点、专业特性、市场需求、家庭预期来做好自己的职业生涯规划，大部分艺术设计类学生是茫然的。归根结底，是因为他们的职业生涯规划意识淡薄。许多同学在大学期间，基本就没有认真思考过这个问题。所以，他们在毕业求职时显得十分被动，也常常出现预期和现实完全背离的状况。因此，分析阻碍艺术设计类大学生的职业发展能力提升的影响因素就显得非常迫切和必要了。只有根据影响因素有针对性地对艺术设计类大学生进行辅导，才能有效提升他们的职业发展能力和就业竞争力。现对阻碍艺术设计类大学生的职业发展能力提升的影响因素进行分析。

1. 职业生涯规划意识淡薄

从个人角度来看，艺术设计类大学生的职业生涯规划意识淡薄是阻碍他们职业发展能力提升的关键因素。对于大多数艺术设计类大学生而言，对专业知识的学习才是他们大学生活的重点。"精耕"专业，将大部分精力倾注在专业课的学习上，对于其他与专业不太相关的课程学习则不太上心，这是艺术设计类大学生普遍认可的行为。"重专业、轻综合"是艺术设计类大学生身上独特的标签。正是在这样的环境下，艺术设计类大学生与综合类院校的大学生相比，他们的职业生涯规划意识就更加淡薄了。在艺术设计类院校普遍不够重视学生综合素质提升的环

境下，不少艺术设计类大学生对职业生涯规划、职业发展等理论知识匮乏。他们只有在临近毕业，或是在辅导员、家长的催促和关心下，才会开始思考走出校门后的职业选择问题，才开始具有初步的职业生涯规划意识，这无疑大大增加了他们的就业选择难度。

2. 缺乏为就业作准备的社会实践

目前，我国高校大学生注重基础文化理论的学习而忽视社会实践的现象比较普遍。而对艺术设计类大学生来说，评优评先首先看的还是文化课和专业课的成绩。而与就业高度相关的社会实践活动——实习，却不被纳入学生的考评成绩。这也导致艺术设计类大学生把主要精力基本上都放在专业课的学习上，而对设计实践活动的参与持不重视甚至持排斥态度。不少大学生即使在课程教师的带领下参加一些实践活动，也一般是"打个卡""走个过场"，并没有真正投身于社会实践活动去体验去感受。就艺术设计类大学生而言，他们自主接单做设计，到美术教育类机构兼职做老师的社会实践很多，但这类"短平快"且主要目的是赚取零花钱的社会实践，对于他们毕业后真正的职业发展来讲用处不大，在未来求职中无法作为成功就业的砝码。艺术设计类大学生热衷参与的社会实践活动多与未来入职无关，十分缺乏为其就业作准备的社会实践活动锻炼，也是阻碍他们职业发展能力进一步提升的原因。

3. 学校的就业指导和职业发展课程缺乏针对性

从近几年各省的教育实践来看，不少省份的相关教育部门开始重视职业发展和生涯规划教育，部分省市还将职业发展和生涯规划教育前置，对高中生进行职业发展和生涯规划教育，以提升他们对未来自身发展的认知，并不断加强他们的职业规划意识和职业发展能力。许多高校意识到了职业发展和生涯规划教育的必要性和重要性，就业指导课程也作为一门必修课设置，教育教学覆盖了每一年级的同学。但是，就"教学软件"而言，大部分高校配备的就业指导和职业规划课程的教师为院系辅导员和相关思政教师，没有配备专职的就业指导和职业生涯规划教师。这使得不少高校的就业指导和职业生涯规划课程的教学内容较固定且具有普适性，对于艺术设计类大学生来说不具备针对性，就不能满足艺术设计类人才对职业发展的现实要求。这也是不少艺术设计类高校开设就业指导和职业规划课程总体效果不尽如人意的主要原因。

五、艺术设计类大学生职业生涯规划的主要路径

1. 强化学生的职业规划意识，内化提升能力

当前，很多艺术设计类大学生潜意识里会认为他们在离开学校正式就业后才进行职业生涯规划。学生在校期间应该将重点放在专业课的学习上，对于职业规划的关注度很低。其实恰恰相反，从大一开始，学生就应该开始学会思考和规划未来职业方向了。作为艺术设计类院校，应该提前布局，根据不同专业的特性，在大一新生入校不久就积极地对新生进行职业生涯规划教育，让新生在一入校就能接触并了解职业规划的意义，强化他们的职业规划意识。对于大二、大三、大四的同学，则引导他们学习更多的职业规划知识，了解与专业对口的就业市场信息，把职业规划意识贯穿于 4 年的大学生涯，不断提高学生的就业素养。不仅如此，还要让艺术设计类大学生在大学生涯里学会自我激励，将职业规划意识内化成自我驱动的动力。这样才有助于他们的职业规划目标的顺利推进和完成，才能在遇到困难的时候不轻言放弃，坚定不移地朝着自己的职业规划目标前进，最终在这个过程中不断提升自己的职业发展能力。

2. 重视并增加学生的社会实践活动

大学生职业发展能力的培养和提升，除了学生本人具有良好的职业生涯规划意识和职业规划知识外，还需要通过社会实践活动来找到自己的兴趣点和未来的职业目标，在实际的工作环境中去验证自身所学知识，了解岗位的真正需求。因此，高等院校艺术设计专业应根据艺术设计类大学生的专业特性，尽可能多地为他们提供社会实践的空间和机会。高等院校应该主动与当地招聘对口专业的企业进行合作，在教学实践方面着力。如设置校外教学实践基地，为艺术设计类大学生提供实习机会，让他们在真实的工作环境中学习专业知识，提升职业发展能力。如针对建筑艺术设计类专业的大学生，学院应该围绕其专业方向、就业特点等为建筑艺术设计类专业的同学提供诸如建筑设计师助理、建筑制图助理、设计助理、建筑方案助理等岗位，这些岗位也可以由同学们胜任，共同助力。大学生职业发展能力的培养不单单是建立在纯专业理论学习的空中楼阁之上，在对口的就业实践活动中才能真正有所体会、有所收获。在为就业作准备的社会实践中还能培养艺术设计类大学生所缺乏的口头表达、沟通合作、书面写作等职场技能。

可以说，增加他们的社会实践活动对于艺术设计类大学生来说是一个很好的提升其职业发展能力的路径。

3. 完善高等院校艺术设计专业的职业生涯教育师资队伍建设

纵观国内高校的大学生职业生涯规划教育，大学生职业生涯规划教育工作起步较晚，体系建设不完善。许多高校对就业指导和职业生涯发展课程的重视程度不够，从职业生涯教育师资队伍建设可见一斑。大学生职业生涯规划教育归根结底是一个专业性非常强的工作，它急需就业指导与职业发展课程的任课教师具有较强的专业理论知识和敏锐的社会观察力，以及丰富的就业指导能力。因此，加强职业生涯教育师资队伍建设，组建一支在就业指导和职业发展领域专业化、专家化的师资队伍尤显迫切。

完善高等院校艺术设计专业的职业生涯教师队伍建设，还应做到如下几点：

(1) 选人用人坚持高标准严要求。就业指导与职业发展课程关系到学生未来的发展，这门课的任课教师是影响高校职业生涯教育质量的首要因素。为了保障课程质量，提升高校大学生整体职业生涯教育发展质量，必须要求专任教师不仅要具有较高的政治思想素质和政治理论素养，还应当具备专业知识背景、良好的职业素养和职业能力。鉴于生涯规划教育的工作性质，可侧重从心理学、社会学和人力资源学等专业方面选拔师资。

(2) 注重教师教育教学能力再提升。不少高校的就业指导和职业发展课程的师资队伍是由学院辅导员和部分专业课教师组成的，普遍存在职业规划教育理论不深、专业性不强的问题。因此，为了进一步提高现任教师的专业素质，加快其专业化、职业化建设力度，高校应为任课教师定期组织相关教学培训，使他们能够通过培训，吸收更多专业的就业指导和职业发展理论知识，有效提高其教育教学能力，让学生获得更好的职业生涯教育效果。

(3) 加强教师交流学习，以赛促教。就业指导和职业发展课程是一个与时俱进、具有一定社会性的课程。这就要求任课教师不能故步自封，要"走出去"与企业、与其他高校进行交流学习。任课教师只有通过不断地交流学习，才能了解社会真实的需求是什么，才能将社会对人才的真实需求在课堂上反哺给学生，让学生切实从课程中受益，提升自己的职业发展能力。因此要鼓励现任教师积极"走出去"，参与有关职业生涯规划的研讨，参加校企合作的相关活动，参加每年的就业指导和职业发展生涯教学大赛,不断交流学习,以赛促教。在交流学习的过程中借鉴吸收优秀同行的成功做法,努力提高自己对就业指导和生涯规划的理解,不断提高教育教学质量,更好地引导和指导大学生做好职业规划。

艺术设计类大学生职业发展能力的提升并非一朝一夕,需要学生、教师、家庭、学校的共同努力。职业发展能力对艺术设计类大学生今后的就业影响重大,帮助他们强化职业生涯规划意识、增加设计实践活动。如何让艺术设计类大学生在 4 年的大学生涯中更清晰地认识自己,了解自身的优势和不足,找准自己未来的职业目标,然后朝着正确的方向不懈努力,是高校教师教学的追求,也是大学职业生涯规划教育的任务。当前,我国的大学生就业指导和职业发展教育取得了一定的成就,在促进高校毕业生顺利就业方面起到了关键作用,如完善高等院校的职业生涯教育师资体系,不断提升大学生职业发展能力的路径等。面对艺术设计类大学生这一特殊的大学生群体,他们的职业发展能力提升路径仍待我们进一步探索和挖掘。

第三章 艺术设计类大学生创新创业理论的提出

2017 年联合国大会将每年 4 月 21 日指定为世界创意和创新日，中国创新发展的理念得到了世界认可，创新发展是世界经济发展的有效途径，也是我国社会发展的重要战略，大学生创新创业教育适应于需要就业的每一个人，高校在发展好专业教育的同时应更加注重大学生创新创业所需要的职业核心能力的培养，高校应成立创业教育的专门机构，这是适应我国社会转型变革的实际需要。

大学生创新创业教育是由高校教育工作者和行业精英为引导者，通过专门课程体系和创业内容，培育大学生创新创业知识、技能和价值思想的一种有效活动，大学生创新创业教育建立的是一种新的方式，把一种从来没有的关于生产要素和生产条件的新组合引入生产体系，以高等教育独特教育资源为依托，实现这种"新组合"的有效过程。职业核心能力视域下大学生创新创业教育是在大学生专业素养基础之上培养大学生自我管理、团队合作、信息处理和创新的能力，它是一种在专业能力之外更加具有普适性和迁移性的综合素养能力。在社会主义核心价值观指导下，以塑造大学生职业核心能力为基础的创新创业过程，借助职业核心能力有效影响，在更宽领域内、更大平台上，实施更有效的创新创业活动。

近年来，高校在创新创业教育发展与完善上有了很大进步，教学内容进一步完善，教学方法和组织进一步规范，大学生创新创业氛围和长效机制正在形成，高校需要沿着国家创新创业的顶层设计路线积极强化创业创新育人，强化职业核心能力在大学生创新创业教育中的重要作用，为此，高校应该充分激发大学生创新创业潜能，为大学生创新创业搭建更大的平台。

第一节 "新思潮"下艺术设计类大学生创新创业的特征

随着"大众创业、万众创新"方略的提出,国家鼓励支持和引导大众创新创业,出台了一系列相关政策推动创新创业发展,全社会创新创业氛围浓厚。据国家发展改革委发布的调查显示,全国超千万个网络创业群体中大学生占到六成,新思潮催生了以大学生为生力军的青年创业群体。

消费时代是一个"个人化社会",也是一个自我意识较强的社会,消费文化引导着个体社会化的拓展,影响着青年学生个体价值观的形成与再生产。互联网信息技术的发展则为消费文化的传播推波助澜,互联网改变了信息传播与社会互动的原有形式,突破了时空的限制,最大限度地增强了消费文化的传播速度与影响力。当代青年学生作为时代文化先锋的探索者,为新颖、嬗变的消费文化标榜的个性化所刺激和倾倒,寻"标新",求"立异",寻求自我认同与价值实现,其价值观念、生活方式逐渐呈现出新的时代特征。

一、艺术设计类大学生创新创业的主体特征

随着毕业人数特别是艺术设计类大学毕业生的不断增多,面对社会竞争激烈,就业压力的不断加剧,创业逐渐成为艺术设计类大学生的一种职业选择。当代青年学生出生于中国的经济转型期,工业化、全球化以及互联网技术的发展对现代青年大学生形成潜移默化的价值观塑造。青年大学生身处于新的消费空间,被物的丰盈包裹,而消费文化本身就意味着一种价值认同,它是个体现代性认同的一部分,消费主义加剧了群体间、个体间的差异。因此作为艺术设计类创新创业主体的青年大学生,其展现的特征是复杂多样的。

在当代艺术设计类大学毕业生的创业动机中,设计项目和资源、设计理想、创业热情位于前三,自由的职业状态也是他们所追求的。在创业模式方面,艺术设计类大学生创业形式自由灵活,组织精简,团队最多可达到10人,最少仅1人,团队的构建更注重理念的契合。他们注重设计表达,以作品传达个人态度,较多地聚焦圈层文化行业。这些都充分展示了艺术设计类大学生创新创业兼具理性与激情,他们客观冷静地面对创业,不墨守成规,敢于挑战,怀揣热情与理想

并希望通过设计创业获得身份认同，实现个人价值，呈现出鲜明的主体特征。

1. 反叛：教条的回避与个体自由

每一种文化现象都是一段独特时期的一种表征，对特殊情境的一种具体回应。现代社会无疑是一个复杂的综合体，其最大的特征就是个人主义和多元主义，"这使得个人有权保持不同并有权按照他们自己的幸福模式和合适的生活风格来任意作出选择和取舍"，消费时代实现了物的自由，也解放了人们选择的自由，群体间、个体间日益差异化，自我意识逐渐增强，更注重个体自由。互联网技术的发展打破了时空的限制，促进了信息的传播与交流，青年学生作为时代文化的先锋军，积极参与网络文化的表达与构建，自由向世界表达自己的观点与诉求，展现自我，张扬个性。

在社会结构中，艺术设计类大学生由于年龄阶层常处于弱势地位，他们的秩序与规则往往由成年人决定，与成年人的社会交往大多处于关系不对等的被动状态。社会的复杂性与自身调节的不成熟性，造就了当代大学生的"反叛精神"，激活了他们个体创造欲望的自反性。他们抵抗中国传统伦理中的育儿观，渴望自主独立与自我掌控，选择通过自己的方式表达诉求，驳斥共识的"神话"，并尝试突破陈规改变社会游戏规则，积极再造他们的形象和身份。

艺术设计类大学生不愿意顺应社会主流所期待的角色规定和教条的约束，希望通过创新创业而拥有"摆脱最没有滋味的生活选择的自由"。创新创业为艺术设计类大学生提供更多工作形式的选择，通过创业他们可以逃离现实工作范式的束缚，构建自己的文化想象与空间，以实现自我的价值认同。然而自由正是永远不会被实现而成为一直为之追求和奋斗的目标，从而成为推动前进的力量，设计创业者追求自由的过程，他们收获了自由的生活方式、自身的能力也得以扩展和提升，从而获得更多自由的选择。

2. 圈层：自我实现与身份的归属

当代文化研究中心认为，认同问题是青年亚文化实践的内在驱动力。对于当代艺术设计类大学生来说，地理、文化、年龄所带来的鸿沟正迅速缩小，取而代之的是价值的意义变得极其重要，他们期望通过个人能力在社会生产中创造价值从而实现自我，寻求个人存在于社会的价值认同。由恒大研究院和中国青年创业就业基金会联合发布的《中国青年创业发展报告》（2020）数据显示，超过90%的创业者认为创业可以带来成就感和幸福感。

"物以类聚，人以群分。"人的集合都伴随共同的社交属性。社会学家米歇尔·马菲索里认为后现代个体除了寻求自身主体性的认同外，也需要外部群体的支持和认同。他们寻求维持或重新建立社会联系，寻求群体识别。然而，后现代社会组织已经碎片分化成若干以情感维系的不稳定部落，这些部落各自发展独特复杂的符号。"市集""潮玩""手作"等基于兴趣交流的社群形式在青年群体中快速流行的原因，正是他们以文化符号为纽带形成不同的圈层，各自识别身份。青年学生的设计创业形式大多聚焦于圈层文化，但不限于某一种文化，他们基于"触点+内容"借助互联网为媒介以符号语言、场景、价值观将用户聚集在一起，连接用户与产品，通过线上与线下的联动形成文化消费圈。在文化消费圈层中圈层成员志同道合相互交往，彼此价值认同与共享，创业者的身份认同感得到满足，良好的群体氛围更能激发文化创造的积极性，刺激圈层知识产权生态价值的输出，参与者既能获得设计表达的愉悦，获得一定的追随者，同时也能感受到自我价值的实现感。其次消费即是身份和地位的有序编码，是一种带有自我身份确认的消费选择过程。消费本身即是一种认同，圈层经济具有原创、活跃的特性，更新迭代迅速。这个世界暴露出另一种秩序，现实世界的身份被悬置，主流文化的规范与范例在这里被颠覆，不同的圈层各自制造独特的形式语言与符号，审美与市场流水线的标准叛离。个体逃脱外界的评判标准，设计师精心地设计独特的符号艺术，满足群体"求新""追异"的消费愿望。因此虽然文化圈层小众，但是成员之间的黏合度高，购买力强，设计创业者凭借精准的圈层定位，能够形成良好积极的市场。这不仅是对主流文化的适应和协商，也是对青年及其处境和活动更直接、具体的形式。

3. 掌控：文化资本话语权的获取

法国社会学家皮埃尔·布迪厄认为文化资本是一种标志行动者社会身份的，被视为正统文化趣味、消费方式、文化能力和教育资历等的价值形式。文化资本是一种与经济资本、社会资本并存的资本形式，社会中高层次文化的人往往拥有文化资本。

在消费社会中，市场的文化话语权更掌握在寡头的品牌企业手中，他们还决定和限定选择的范围，在这一选择范围中，人们的生活轨迹也得到了限制。因此，正是他们对世界的幻想和想象，连同在他们的幻想和想象的外表下被塑造和重塑的世界本身，给这个占统治地位的话语注入了内容。

由于艺术设计类大学生群体的年龄、社会地位等因素，在社会结构中处于边缘地位，在以成年人为主导的社会组织中缺少自我表达的文化话语权。青年文化设计创业实践的动力正是源于想要创造、表达区别于父辈文化的自发性和差异性的需求，在获得群体认同之外，他们试图表达与解决隐藏着或未解决的种种矛盾，积累属于艺术人自己的、无法被他人剥夺的文化资本，进而将文化资本转换成经济资本，并参与社会权利的争夺与再分配，建立另一种文化结构。面对以成年人所构建的社会话语和文化资本，以及被市场资本把控的设计审美，青年群体迫切地希望建立属于自身的文化资本，掌控文化话语权，他们以代码的形式表达了一种抵抗的形式，抵抗着使他们一直处于从属地位的秩序。选择设计文化创业的青年学生大多怀揣一定的设计理想，他们渴望文化创作的自由与平等，很多的艺术设计类大学生选择创新创业是想要掌控设计的主动权，做自己喜欢的设计，他们在设计风格、设计选择上存在喜好偏向与构想，对于设计创业的未来发展有一定的规划。例如，有的同学在学习之余利用 3D 打印机制作饰品，并将之逐渐发展成为个人独立品牌，一步一步成长并开设线上店铺，并与更多的艺术家合作，通过搞怪叛逆的设计传达着自己对待世界的处世之道。品牌设计灵感主要源于对信息时代下的青年文化的思考与探究，以拒绝标签化为标签，用标签反对被标签化，以此尝试对当下潮流与所谓真理的反动与破坏以创意和鲜明的设计来展现年轻人的个性和态度。厌恶社交系列灵感来源于对网络社交的思考，反映了年轻人从最初的乐于社交，到疲于社交，再到厌恶又不得已社交，到最后离开了又重新渴望社交的过程。

设计创业者将文化资本视作商品，作用于日常生活，通过对集体意义的铭刻产生出来。而文化资本的积累需要花费大量的时间与精力，并需要以可见的、实质性的具体形式进行，设计创业者经过长期的实践，对于创新创业所涉及的文化领域充分了解，掌握相关的专业技能，积累自己的文化资本，最终通过物质化的设计展现出来。他们不会一味地迎合市场审美，而是围绕自身风格进行设计创作，不盲目地追求主流大市场的认可，用心经营口碑和维护认可自己理念的圈层"同伴"。在文化积累的过程中他们可能会受到受众群体的青睐，其设计被积极传播，收获拥趸者的认可，从而在群体中占一席之地，掌控一定的话语权。通过积累的文化资本青年群体既能保证自身个性化生存的同时，区隔于其他社会文化，又能获得与主流文化交流、对话的资格。

4. 设计：自我符号的创生与输出

设计在转化为"商品"被消费前，是设计师个人的文化实践的成果，包含设计师对于世界的个人解读和自我想象。设计创业者对于设计具有较大的主动权，他们从先前的文化产品的无数零星碎片中制造出的叙事、故事、物品和实践，原材料的选择不取决于他们固有的意义，而取决于他们被拼贴组合的逻辑意义，通过戏仿、拼贴、挪用等形式以戏剧化的符号语言表达个人的生活态度以及对社会现象的回应。他们通过文化符号建立新的意义体系，从而获得自我认同与社会认同，这些符号中不仅有他们对于自身身份形象的个性塑造，还有不同群体文化的自由构建。其中也折射出他们对于主流文化的批判与嘲谑，以及冲破文化边缘地位的渴望和掌控文化话语权的诉求。青年群体是消费市场最活跃的重要力量，艺术设计类大学生的许多文化实践都建立在消费的基础上。青年设计创业的成果不仅是设计师个人符号化的表达，还作为商品被消费。产品的"设计—生产—消费"从一开始就瞄准了与设计师预设诉求一致的消费群体，通过设计将商品转化为象征符号，以消费积累忠实的文化圈层。时下流行的"潮玩"备受年轻群体的青睐，也应运而生出新兴的潮玩设计创业，消费本身是一个差异性的符码交流，人们消费的不是物的能指，而是商品所象征的符号意义。创业者的设计始终带有个人对于世界的理解与认知，即使服务于客户，也是在设计要求下自我创造，并以符号为标签"自圆其说"。而在产品消费的过程中，物又脱离了原本的意义，服从于被使用者的逻辑。对于艺术设计类大学生而言，潮玩是自己设计意念的延伸，而在潮玩消费者眼中，它们则是可爱治愈的情感符号。"消费的主体，是符号的秩序"，消费者通过消费共同拥有同样的编码、分享那些与其他团体不同的符号，潮玩代表的不是玩具本身，也是一种情感寄托，不少爱好者更是将潮玩作为凸显身份区别于他人的象征符号，彰显时尚与个性。而符号消费本身也是设计师对于青年文化的构建，以消费符号区隔不同的文化圈层，通过制造者一个个极具个性的商业 IP 符号，促进新文本、新社群的产生，建构深层次的文化身份认同。不同的元素和符号的堆砌同时塑造了各属文化圈层整体物与人的形象，形成了他们的个体身份和集体身份。产品以物质的形式把这些关于圈层整体的刻板印象吸收进来，所供消费的产品也在圈层符号的文化建构中起到了重要作用。而消费者在消费和使用产品的过程中形成和强化了他们的符号身份。在消费关系中，消费者瞄准的不是物，而是价值，需求的满足首先具有附着这些价值的意义，通过物的符号凸显自己，以加入理想的团体或摆脱现有团体进入更高级别团体，因此消费即是地位和身份的有序编码。

高等院校艺术设计创业的主体大学生特征是鲜明的，他们并不是为了解决就业问题以及单纯的物质目的，而是带有一定理想抱负从事创新创业活动。创业学生大多不拘泥于安稳的就业环境，追求自由的工作形式，从而掌控自己的生活。他们有着一定的设计理想，聚焦圈层创业，以设计为媒介传达个人理念并通过设计符号识别身份，并获得群体认可，希望通过创业能够实现设计价值和个人价值。他们的创业动机兼具理性与激情，他们由兴趣和爱好出发发展创业项目，能够客观理性评估创业问题，不会盲目执着于创业。

二、艺术设计类大学生开展自主创业的特征

1. 开展自主创业的比率较高

第三方调查公司麦可思发布的各专业大学生自主创业的比率显示：2022 届毕业生中进行自主创业最多的学科专业是艺术设计类专业，是所调查各专业中最高的。从该调查显示的 2023 届各专业大学生自主创业的比率来看，自主创业人数最多的仍然是艺术设计类专业。

2. 开展自主创业有优势，但缺乏创新创业知识

艺术设计专业教育以及专业学习的过程较注重与社会发展需要相结合，要求学生在设计的学习中充分掌握专业技能、了解市场的发展形势和需求。艺术设计类学生在设计学习和实践的过程中，也取得了设计实践成果的自主知识产权和功能、外观专利。这些学习中的要求和积累形成了设计类专业学生的创业优势。但设计类专业作为艺术相关专业，对市场营销、公司管理、融资操作方面的知识涉猎较少，设计专业学生也很少去选修相关的课程，这导致学生在这方面的知识积累较欠缺。同时，设计类学生的口头表达能力一般，与客户沟通等方面存在着一定的问题。这些因素都影响着设计专业大学生自主创业实践的顺利实施。

3. 开展自主创业的形式较为单一

多数艺术设计专业学生开展自主创业主要以创办培训班的形式，例如手绘培训、软件培训、升学培训、画画培训等。另外就是以创办设计工作室、开相关的创意饰品店为主，以简单的接单形式为经营项目。这种短暂性的办班、订单、零售在经营模式上显得过于单一，由于订单来源不确定，因此创业形式上也显得较为分散，创业初期缺乏稳定合作关系而存活艰难，在经营过程中容易由于缺乏经营特色，而被市场淘汰。这些都不利于创业规模的形成，也难以经得起市场的长期考验，创业企业没有可持续发展的前途，容易导致生存的周期变短。

4."投资少、风险小"的轻创业模式

艺术设计类大学生创新创业的群体属性导致其创业的经济实力有限，无经济积累，无法承担高投资的创新创业，因此往往选择低成本、低风险的创新创业项目。"轻资产"是艺术设计类大学生设计创新创业中最广泛的特征，即选择以微小的成本进行价值创造。对于学生群体来说，"投资少、风险小、门槛低、回报快且稳定，不受时间和空间限制"的轻创业模式无疑成为当前社会艺术设计类大学生设计创新创业的最佳模式。南京艺术学院的一名学生在校期间利用学习之余创立了个人帆布包品牌禾初木，创业初期从产品的设计到手工制作全由她一人负责完成，通过店铺寄卖，参加市集的形式，她积累了创业的第一桶金，逐渐发展成熟入驻平台开设线上店铺，并与优秀的工艺师合作。

艺术设计类大学生在进行设计创业活动时往往借助一个开放的平台，最直接有效地将创新创业者的能力转化为市场价值，其主要形式依托于互联网平台进行创新创业活动。互联网助推了大学生设计创业的"轻资产"，现代科技为设计互联网技术提供了信息的在线分享功能，促进了生产的协同合作，让制造环节走向数字化操控，走向屏幕端，设计师只需一台电子设备即可通过设计稿、图纸等形式呈现效果，借助互联网平台跨区域协同制造生产产品。一方面减少了场地设备等硬件资产的投入，大大降低了创业边际成本。另一方面，互联网协同合作为大学生进行设计创业提供了机遇平台，互联网外包、众包模式将传统企业封闭的设计模块，以公平自由竞争的形式开源给个体完成，实现价值的共同创新。通过网络信息平台，设计创业者的奇思妙想可以直接和企业对接，突破地理、时间的限制扩大创业的外边界，提升影响力，形成品牌效应，有利于创业积累与可持续发展。

5. 抵制市场化的流水线审美

工业革命实现了产品的机械化大批量制造，现代设计的任何一件产品都能成千上万地批量生产，设计师个人的痕迹被抹除，屈从于流水线生产，建立起一套市场标准化的审美。市场利益的驱动下，设计成为消费诱导的工具，盲目地堆砌着流行元素，通过大量广告制造符号幻想，贩卖模板化的"时尚"，强迫人们废弃已有的时尚之物，更新换代。这样千篇一律的市场风格很快被年轻消费者群体所厌倦，他们迫切需求"独一无二""小众"、让人眼前一亮的消费商品。基于这样的消费心理，艺术设计类大学生设计创业生产的产品特征是"逆标准化"的，他们抵制市场化的流水线审美，将自我设计理念融入产品，突出个人特色，通过尽力保持产品中的设计唯一性与这些挑战进行斗争。

"一天到晚"艺术沙龙的主理人本身职业为插画师、设计师，他不想将工作与生活剥离太开，于是将咖啡店作为艺术作品进行创作，将插画与咖啡店结合。店铺室内保留粉刷铲除后斑驳的肌理痕迹，室内的装饰图案元素全部来自主理人的插画作品，咖啡店出品的蛋糕、帆布袋以及一些周边区别于市面普遍的可爱清新风格，也加入了很多插画元素，营造出搞怪、不着边际的怪诞氛围。主理人希望过来的客人知道，插画不只是一个插图，也可以营造出很多有价值好玩的东西出来。就如主理人所说"一天到晚"艺术空间想要传递的是"不听话"的态度，"该说不的时候就说不，该反抗的时候就反抗，不是一味地逆来顺受……我们也希望进了我们店的门，你可以随心所欲地做任何事。包括我们店的插画蛋糕，也有很多'出格的''反听话'的创作。但我觉得这就是真实，没有必要遮遮掩掩和隐藏"。

创新创业活动为艺术设计类大学生提供了一个机会，通过自己的设计理想获得市场利润，其主体属性注定创业的产品品类无法与流水线生产"全而繁"相抗衡，他们必须寻找自身品牌的特色，精准定位市场，发展"小而精"的产品路线。兴趣成为他们创业的立足点，大多专注于某一个领域垂直探索，以小批量生产和市场流通传达自己的文化理念，将自己的热爱与见解注入商品和消费中，以消费为媒介，引导消费者在使用中建构自己的意义。设计成为艺术设计类创业学生小规模自我愉悦与发泄，表达自身主张的方式，产品成为他们"抵抗"市场审美标准的符码，表述文化存在合理性的核心价值所在。他们的文本素材来源于四面八方，跨越时间、国界和文化形态，从中掠取有用或感兴趣的文本碎片根据自己的意识重新组合，诠释个人态度以及对当下社会现象的回应。

6. "产销灵活"的线上经营渠道

网络时代，艺术设计类大学生设计创业充分发挥互联网在生产要素配置中的优化和集成作用，将互联网的创新成果深度融合于设计创业之中，电子商务、社交平台……他们的设计活动突破地域的限制，以互联网为基础设施和实现工具的发展更广泛的经济新业态。大数据、云计算等新技术推动生产流程的再造，生产模式"从工厂到用户"向"从用户到工厂"方向转变，艺术设计实现按需生产，提升了供应效率，形成"产销灵活"的创新创业优势。

超过半数的创业学生以互联网为主要设计运营模式或拥有线上经营渠道，他们直接与客户进行沟通，在线实时交流，对接设计业务并确定设计生产的要求。客户有机会参与设计流程，使设计更接近终端需求，更加个性性与定制化，提高设计生产—消费的转换效率。"我们的设计都会与客户多次沟通确认，保证设计的最终效果是客户满意的。"RY 同学毕业后在南京开设了一间 RISO 印刷工作室，在行业内颇具名气，工作室"大隐于市"仅 50 平方米，内部摆设着 RISO 印刷机和简单的办公用具，其团队组织简单。工作室主要提供 RISO 设计印刷与设计服务，借助互联网和社交进行业务拓展，根据时间合理安排，确保每一个业务的质量，注重口碑的积累。

团队以项目合作制为主，没有固定的成员，而是按需分配，寻找合适项目的设计师一起配合完成整个项目。他们将客户需求作为设计的核心所在，始终坚持在多维中寻找可能，只做适合的作品。类似于 WELLDESIGN 工作室的模式是艺术设计类大学生创新创业的常态，工作室内部组织扁平化，以自组织运行体系代替行政命令式，形成开放式、自驱动的管理体系。各个环节信息交流顺通，讨论调整灵活，执行力高效，对于客户需求的把握与反馈更加柔性与弹性，并且能够充分缩短响应时间。各个成员之间的职能相互渗透，职能管理的划分没有严格的边界和等级制度，个体保留一定设计创作的自由空间，增强了整体的设计创造力。依托企业的"产销灵活"的经营特征，艺术设计类创业学生对线上与线下平台、有形与无形资源进行高效的整合，突破了生产与人力资源的限制以及各渠道间的种种壁垒，打开了设计生产—消费和宣传的新格局，促成人力、资金、设计等诸多因素的顺畅流动和配合。

第二节 艺术设计专业大学生自主创业的外部环境分析

一、艺术设计设计专业大学生就业形势

进入 21 世纪以来，随着高等教育的普及、大学的扩招，全国普通大学毕业生就业已经成为我国重要的社会性问题。近年来，艺术高考越来越火爆，报考人数不断攀升，毕业人数也在不断增加。过去 10 年间，开设艺术设计类相关专业的院系在各高校像雨后春笋般涌现，由过去的几十所增加到将近 1400 所，由此带来的设计专业毕业生人数的陡增，导致了就业岗位越来越紧张。然而设计类专业的专业性比较强，培养的是专业型艺术设计人才，就业面不如其他文科与理工科专业广，大部分学生希望能够找到与专业有关的工作。

相对于其他专业的大学生，艺术设计类的大学生普遍在文化课上成绩一般，外语对他们的来说也是软肋。因此在毕业后不能找到专业相关的工作，就不得不选择其他工作，而对于设计艺术类毕业生而言转行难度很大。这就导致很多学生在毕业时盲目投简历、盲目就业，所在的岗位与毕业生的预期严重不符，影响了他们未来的发展。根据《地方高校艺术类毕业生就业问题》的调查问卷中的统计，55%的被访问毕业生参与的工作与设计专业没有任何关联，25%的被访问毕业生没有工作单位，而是通过较简单的创业形式来自谋出路。除此以外，设计专业的毕业生还遭遇到了一些不对等的就业竞争压力。根据相关研究对现有的广告装潢、产品造型软件建模的从业人员调查和走访来看，有不少的从业人员本身学历都不高，甚至还有高中学历的毕业生。他们通过技校或者培训班经过对相关软件的学习，就上岗做一些简单的软件处理工作，工资薪水比较低。

再者，我国各个地区的经济发展不均衡，艺术设计专业学生的就业选择表现出了东南沿海地区多西部地区少、大城市多中小城市少的特点。东南部沿海地区以及大中型城市经济发展处于领先地位，有着区位优势，相对就业岗位就更多，但由于市场所具有的容量有限，就业竞争越来越激烈，虽然急需高端人才，但却面临高端人才短缺的困境；中西部地区经济发展则相对落后，即使用人单位求贤

若渴，拿出丰厚待遇，却招不到人才。这样一种人才需求与人才供给的地区性错位就出现了，而这种错位，正体现了就业分配和导向激励措施的缺乏。

此外，我国现阶段产业结构仍不合理是导致艺术设计专业大学生"就业难"更深层次的原因。"加工制造业大国"的国际分工地位决定了当前新增的劳动就业岗位主要是劳动密集型，其所能容纳的劳动力自然就是大批蓝领工人，而非白领。这一问题的存在，使得艺术设计专业毕业生在择业理想和就业现实之间形成巨大心理落差，对于非对口专业自然不肯就此将就着。

就业市场压力不断增大，就业与市场的矛盾逐渐显现，并有逐年放大的趋势。既然艺术设计类大学生就业形势严峻已成为一个不争的事实，那么在这样严峻的形势下自主创业也就成为艺术设计类大学生创造就业、自谋职业，实现自我价值的一种重要方式。

二、国家战略转型对自主创业带来的机遇

伴随社会的转型和我国产业结构的调整，构建科技为先导的战略发展模式已是我国未来实现经济可持续发展的重大举措。2020 年，社会文化创意与产品的创新与经济的发展紧密结合，建立起科技创新的战略发展平台，形成科技创新与经济发展、社会进步、产业结构调整、产品服务质量的提高四位一体的发展格局，大力推动我国走向创新型强国的步伐。2020 年，我国正处在经济高速发展的有利时期，中国工业经济联合会会长、工信部原部长李毅中出席"2020 凤凰网财经峰会"时指出，我国创新技术产品孵化率仅有 30%，而对于世界上一些经济、科技发达国家而言，创新技术产品孵化率往往为 60%～70%。[①] 依照有关调查数据，我国目前面临的这种低技术转化率不利局面主要是因为科研成果在孵化为产品的过程中设计创新是关键环节，不但需要高水平专业技能人才，还需要先进的创新创业理念来支撑，因此艺术设计专业大学生正迎合了这种社会需求，同时也为艺术设计专业的发展提供了良好的机遇。所以，艺术设计专业的大学生应认真学习专业知识，响应国家发展调整的趋势，努力发挥自身的专业优势，促进设计

---

① 参见李毅中：中国科技成果转化率为 30%　发达国家达 60%—70%［EB/OL］.（2020-12-11）［2023-01-21］. https：//www.thepaper.cn/newsDetail_forward_10369479。

成果孵化，积极参与创新创业实践。

第三节　优化创新创业课程体系的方案分析

高等院校艺术设计专业在实施创新创业教育的过程中，必须不断优化创新创业教育课题体系，不仅应适应时代发展和社会变化，更要适应相关行业发展的趋势，及时更新课程内容的知识体系，注重体现个性与共性、理论性和实践性、专业性与综合性的原则，要着力建立创业教育本土化教材，与相关专业结合，加强师资队伍建设，多渠道合作建立校内外创业平台。对教师、学生、课程三个方面进行评价，用客观、公正、合理的态度，多维度优化创业课程体系的方案。

一、优化创新创业课程体系的原则

1. 个性与共性相结合

创新创业教育的课程要能体现培养创新创业基本素质和开创个性的人，创新创业教育课程的目标与教学内容要相一致。所谓共性是指创新创业教育的基础课程要符合通识性。艺术设计专业大一学生一学年都需要参加职业素养教育课程，培养学生的创新创业意识和创新创业精神。创新创业教育课程以《大学生职业素质教育》一书为指定教材，书中对具体案例进行剖析，从而揭开知识点，描述基本的概念，并且提供一定指导，培养学生创新创业素养。以此鼓励学生通过必修和选修相结合的形式，修完一定比例的创新创业教育通识课程。个性即是以学生为主体的创业教育，每个学生都具有独特的气质、性格与能力，突出学生的个性，发挥学生的聪明才智和才能，除了智商，情商、态度也是创新创业教育中非常重要的部分，而这些都能体现学生的个性。共性与个性相结合的原则能使学生更快速、有效地达到课程效果，从而实现人的全面发展。

2. 理论性与实践性相结合

创新创业教育强调对学生实践能力的培养，在实践中增强创新创业能力，实现创新创业成功。因此在构建创新创业教育的课程中必须突出实践性。实践性可以分为创新创业实战训练和与创新创业相关的具体实践项目。创新创业实战训练可以运用创新创业教育中的理论部分，参加省市级创业比赛或创业计划书等多样的形式来增加创新创业实战的经验。而创新创业实践是依托市、区等创新创业实践基地，为毕业生创业提供相关政策、场地、资金服务，实现创新创业梦想的孵化基地和平台。根据不同的创新创业比赛，择优挑选成熟的项目进入创业实践，让学生真切感受到创业带来的成功与失败，这有助于学生接受系统的培训和指导，也有助于项目的推广，技术支持及风险投资。创新创业教育课程不能将理论与实践简单地割裂，要让学生在"做中学"，在实践中学习理论，达到理论和实践相统一。

3. 专业性与综合性相结合

创新创业教育课程具有专业性、综合性的特点，需要将两者相结合，才能取得事半功倍的成效。目前高校开展的创新创业教育课程与专业课程之间内容相对独立，所谓"你上你的，我上我的"，课程内容之间相互没有联系。要想改变这种情况，首先，要加强专业与创新创业教育课程内容的相互融合，这就好比揉面团，面粉和水的比例要协调，这样才能揉出有劲道的面团。其次，要增加各类形式的创新创业选修课，比如品牌策划与运营、财务报表、服务营销、商务实训、投融资实操等。丰富课程的同时，要预留空间让学生有时间停下来思考问题，提出问题，从而解决问题。最后，要处理好专业学习与创新创业教育的关系，分清楚主次，鼓励学生先学好专业技能，再探索专业+创新创业的实践模式，保障创新创业教育的操作性。

二、优化创新创业课程体系的策略

1. 建设创新创业教育本土化教材

随着大量的创新创业教育课程不断被开发，发达国家的许多教材同时被引进国内，有现成的国外教材可以使用固然是好事，但是国外教材是否适合国内的创业教育需要，这是高等院校目前必须考虑的问题。在引进的过程中，要注意进行吸收与剔除，把适合创新创业教育的内容吸收进来，把一些不适合的内容进行本土的转化，让它符合我国创新教育和创业教育的规律，为建设更完善的创新创业教育体系作准备。

2. 实现跨专业跨学科的创新创业教育教学

借鉴国外创新创业教育发展的经验，许多国家将创新创业教育作为专门的课程，甚至是创新创业学科。目前国内尤其是上海这样的发达地区，沪上高校可以借鉴国外优秀的经验积极探索将创新创业教育与其他专业相结合，打破专业的屏障，实现创新创业教育与文、理、工相互结合，跨专业学习，上海的交通大学、同济大学、华东师范大学、华东理工大学等这类综合性院校具有这样的优势，这些院校中既有艺术设计专业，也有理科、工科、商科等专业，一是可以采用跨学科、跨专业的方式参与创新创业教育，这样不仅可以提高教师对于创新创业教育的参与度，还可以让学生们感受到教师对于创新创业的热情，对创新创业课程的开展具有一定的指导作用。二是可以根据不同岗位知识和技能的需要融入专业类课程，在专业课程中适当地加入创新创业教育课程所需的知识，完善专业人才培养目标，提高学生就业创新创业的竞争力，两者结合助推创新创业教育课程的实施。

3. 积极开发线上课程，紧跟慕课时代

慕课具有大规模性、开放性、个性化和交流性等特点。首先，大规模性。体现为课程的大规模和参与学习者的大规模。参与慕课制作上线的学校、教师数量庞大，提供海量课程供学习者选择。参与学习者人数众多，创新创业资源采集与共享也更加便捷。

其次，开放性。鉴于当今网络的便捷，在线慕课课程实现网络范围内全方位覆盖，只要有网络的地方就可以进行学习，不受时间空间的制约，不受年龄种族的限制，受众范围广，开放性高。

再次，个性化。学习者可基于兴趣导向自主选择课程进行学习，同一类型的课程也可以根据自身喜好选择合适的教师来进行学习。

最后，交流性。慕课将学生设为学习的主体，教师辅助学生进行更好的学习。教师在线答疑解惑，学生通过单元测验闯关来获得下一单元的听课权，增加了学生学习的趣味性和主动性。交流性还体现在学习者之间的交流，来自不同地方的学习者可以在线上进行交流，就某个问题展开讨论，分享收获。针对创新创业教育课程来说，打造线上授课线下实训的创新创业教学模式势必成为当下主流，使其产生 1+1>2 的效果，从而为社会创新型艺术设计人才培养作出贡献。并且就目前创新创业课程来看，"专业+创业"复合型创新创业课程数量较少，将已有的此类课程录制往线上慕课形式发展，可以使更多的学生受益，以及对开发创新创业类课程起到了宣传作用。因此我国高等院校艺术设计专业除了设置线下现场授课形式的创新创业课堂，也应该逐渐使线下授课往线上慕课形式过渡。

4. 建立校内外创业平台，多渠道合作

国内很多高校已经建立相关的创新创业基地、孵化基地，但是效果并不明显，除了有场地，学生在实现产品推向市场这一过程非常难。在此我们可以借鉴台湾育成中心的经验，育成中心是孕育创新事业、创新产品、创新技术及协助中小企业升级转型的场所，借由提供进驻空间、仪器设备和研发技术、寻求资金、商务服务、管理咨询等有效地结合多项资源，降低创业及研发初期的成本与风险，创造优良的培育环境，提高事业成功的机会的一种新型经济组织。对于高校而言，育成中心除了为高校提供与企业对接的平台，还对高校创新创业教育的其他实施途径起到不同程度的促进作用，不仅为高校教师提供一个实践的平台，同时也为高校教师和企业的互动中累积相关创新创业经验，把抽象的创业理论具体化，从而弥补传统创新创业教育方式中存在的与实际脱节的缺陷。育成中心已在台湾的高校中具有相当高的普及度，上海高校可以将现有的创意园区、孵化基地与高校建立合作，吸引相关企业真正为学生实现创意成果转化，推向市场。

三、优化创新创业课程实施的具体方式

（一）基于企业竞赛项目的创新创业能力培养践行路径

组织学生参加创意竞赛，提供给学生展示和交流的平台，是现在高等院校艺术设计专业常用的创新创业培养路径。竞赛规定问题或主题，鼓励学生展示创新创意和解决问题的方法。同时，通过与创业实训项目结合，提供实践和实战的机会，帮助学生进一步思考和应用创新思维，培养创新精神和实践能力。创意竞赛和创业实训也可以与企业深度合作，加强学生的实战能力和行业认知。本小节将以产品设计专业为例，深入讨论基于竞赛项目的创新创业能力培养践行路径。

产品设计综合表达课程教学，主要解决的是产品设计专业学生的设计基本技能问题。当学生具备相关设计技能时，需要通过更高一级的创新创业教学活动，锻炼其实际的设计能力，以检验设计基础教学的质量，如产品设计综合表达课程

的教学质量。此类课程的学习难度应介于产品设计基础课程与产品开发设计课程之间，其作用在于"承上启下"。既要巩固学生的设计基本功，又要为下一阶段的高级产品设计课程做好教学铺垫。

1. 企业竞赛合作创新创业课程

企业竞赛项目结合的创新创业课程是"专题设计"，课程的性质属于专题引导式课程，任课教师可根据自身所拥有的相关"资源"进行课程规划，既可以引入实际设计项目，也可以和设计竞赛相结合，授课形式与教学载体相对比较灵活。例如，创新创业课程所结合的设计竞赛，是由国内某著名家电品牌组织策划的一场空调设计邀请赛，选择这类邀请赛要注意尽量是已连续举办多年、竞赛组委会具有较好的竞赛组织经验，竞赛在业界具有一定的影响力。

与企业设计竞赛相结合开展专题教学，具备以下几点优势：

(1)将具体的竞赛项目引入课程，让整个创新创业教学活动有的放矢，创新创业教学目标更加明确。

(2)企业举办的设计竞赛既能较好地兼顾学生设计创意的发挥，也能够在一定程度上约束学生天马行空的设计概念，使得设计创意更好地"落地"，与纯概念类设计竞赛以及纯商业类设计项目相比，企业举办的设计竞赛起到了调和两者之间的平衡关系的作用，因此，比较适合引入中高年级学生的创新创业教学活动中。

(3)创新创业课程中引入企业举办的设计竞赛，可以将企业的相关资源导入课堂教学，有机会促成产学研相结合的合作模式，更加有利于学生实践能力的提升。

(4)创新创业课程与竞赛相绑定，更加有利于调动学生的学习积极性，激发学习的潜能，进入积极主动的良好学习状态。

2. 企业竞赛创新创业课程教学目标

作为结合企业竞赛的专题式创新创业课程，既有别于一般的技术类基础课程，又有别于更高一级的产品开发设计类课程。由于具有明显的"承上启下"的功能，因此，这类创新创业课程的教学目标既要兼顾基础教育又要考虑适当的提高学习难度，为高阶学习提供帮助，使学生能够在未来顺利地过渡到产品设计高级学习阶段。考虑到二年级学生的既有知识水平，结合企业竞赛的实际需求，企业竞赛创新创业课程的教学目标为积极调动学生先验知识，在巩固所学设计基础知识的前提下，进一步开发其"操作"项目的能力，促进其知识螺旋的迭代更新与产品创新设计能力的提升。结合企业的实际需求开展教学，借助企业的相关资源与平台，培育学生在实际项目中掌握材料与工艺、模具与结构等工科知识的能力；通过设计竞赛中的项目学习，开发创造性思维的同时，兼顾企业与市场的实际需求，积极探索"从设计创意到产品批量化生产落地"的有效路径，培养学生"艺工结合"的产品设计能力。采取合作式学习的学习策略，鼓励学生积极创建自组织学习团队，培养其团队协作精神，提升其沟通、组织与协调能力。

3. 企业竞赛创新创业课程的教学框架与基本内容

企业组织，特别是制造型企业组织的设计竞赛，与政府组织、竞赛策划机构组织以及设计协会组织的比赛相比，最大的区别在于竞赛主题紧扣企业自身的生产线，设计对象往往围绕企业既有产品线展开。在评价标准方面，制造型企业组织的设计竞赛更加看重设计概念的可行性，比较看重参赛作品是否能够转化为实际产品，是否能够为企业创造实际价值。因此，参加制造型企业组织的设计竞赛，相对于纯概念类设计竞赛而言，更能锻炼学生的设计实战能力，可以帮助学生更加有效地建构"艺工结合"的产品设计专业知识结构。

企业竞赛创新创业课程的优势，全程由设计竞赛项目驱动，例如，各学习小组围绕"空调创新设计"这一命题开展学习活动。教学框架与主要教学内容具体安排如下，整个课程共64课时，跨度为6周，总体上可分为"项目熟悉阶段""项目调研阶段"与"项目设计阶段"三个部分。

项目熟悉阶段主要包括对竞赛主题的了解，以及对其他参赛注意事项的梳理，同时企业来校的路演活动为学生提供了了解空调外观设计、生产工艺等方面知识的机会，可以帮助学生进一步熟悉设计对象。

项目调研阶段是在学生对设计对象有了比较感性的认识后，通过实地调研与网络调研，进一步加深对于设计对象的理解的一个学习过程。该阶段除了对产品本身进行研究外，还要对产品的用户及使用环境展开调研，挖掘出用户的真实需求。

项目设计阶段是创新创业课程最重要的组成部分，其又可以细分为"设计初步""设计深入"与"设计完善"三个子阶段，三个子阶段形成了一种层层推进的递进关系，教学活动及其指导下的设计活动通过这种递进关系促使设计对象得到逐步的完善。

4. 企业竞赛创新创业课程教学实施与展开

(1)企业竞赛创新创业课程的前期沟通与准备。作为企业竞赛创新创业课程，与普通的专业课程相比，企业的介入是一大特色，且企业参与的程度与教学成果的产出成正比关系。因此，如何在具体的创新创业教学执行过程中与企业保持密切的合作，将企业的需求与创新创业教学的需求进行有效衔接，对于双方而言均是关键的一环。

基于上述原因，在创新创业专题设计课程决定以企业竞赛项目为驱动载体后，教学团队与企业竞赛组委会进行了必要的前期沟通与准备工作。沟通并达成一致的内容大致包括：

①明确企业的办赛目标：以激发学生产品设计的激情与动力，促进其创造性思维的开发，辅助其产品设计专业知识的更新为前提；同时培育学生批量化生产，设计概念"落地"(从设计概念到商业产品)的能力。

②明确学生的参赛原则：作为本科四年产品设计专业教学活动中的一环，设计竞赛的植入首先需满足课堂教学的实际需求，以完善学生产品设计专业知识结构为前提，不能盲目地以赛代练，或完全跟着竞赛的办赛思路导向发展，而忽视了循序渐进的知识创造法则。

③企业组织以产品设计师为主要成员的竞赛推广专员前往高校进行宣讲活动(路演)，除了介绍参赛办法和比赛相关要求外，还重点介绍了量产空调的外观设计与生产工艺方面的知识。

④课程展开后，在设计过程中的部分重要环节，企业方面需提供必要的支持，主要在设计方向与生产工艺方面提供相应的技术支持与专业指导意见。

⑤尊重学生现有知识水平，正视其与职业设计师之间的差距，鼓励学生发挥在校生优势，激发创造性思维解决实际问题。同时，最大限度地满足企业对于设计创造市场价值的诉求，努力弥补设计创意与批量化生产之间的缝隙。

(2)企业竞赛创新创业课程教学计划实施与项目展开。明确上述基本合作前提条件后，竞赛课程按照课程前期规划的框架展开，在"项目熟悉阶段"，一方面教师根据自身的参赛经验，分享关于参加竞赛的一般流程与方法，同时讲解参与竞赛与课堂教学之间的关系，明确课程的教学目标，确保每位学生形成正确的学习观与价值观；另一方面，企业委派设计人员到高校进行竞赛主题宣讲与专业知识辅导，对企业举办竞赛的目的进行说明的同时，重点介绍竞赛主题产品——空调在商业设计中对于造型、色彩、结构、材料、工艺、模具等方面的实际需求，帮助学生形成正确的设计价值取向。该阶段的教学重点是让学生熟悉制造型企业举办设计竞赛的特点，明确自己的学习目标，形成具有商业设计特征的竞赛作品设计的正确概念。

在"项目调研阶段"，教师组织学生通过实地调研与网络调研对课题进行相关的市场调查与用户研究，挖掘用户的"痛点"，搜寻用户的实际需求，寻找设计的突破点。该阶段的教学重点是让学生形成市场的意识，明白用户研究的重要性，通过大量的调研，充分掌握设计一手资料，储备设计素材，为具体的方案设计做足前期的准备工作。该阶段也需要企业方面的积极参与，提供调研工具与调研方法方面的指导，在学生汇报调研成果时，企业方面也需要提出积极的建设性意见，适当修正走偏的设计走向进入"项目设计阶段"，即进入本次企业竞赛合作课题最核心的部分，亦是最难把控的部分。

"项目设计阶段"难以把控之处在于如何将学生天马行空的设计概念与企业的实际需求相结合，既要保持学生"初生牛犊不怕虎"的那股敢想敢拼的闯劲，又要紧紧勒住学生脖子上的那根"缰绳"，避免学生的设计创意如"野马奔腾般"不受控制。为了解决上述问题，在制定教学框架时，此次教学实践活动设立了较全面的沟通机制，规划了应对方案，具体的操作过程如下：

首先，全面激活内部沟通机制，积极调动学生团队成员之间、团队与团队之间、教师与团队之间的沟通与互动，形成积极向上的学习共同体。

其次，加强外部沟通平台的建设，建立知识共享平台，充分把握企业参与教学的机会，形成定期交流的沟通机制，倾听企业的声音。

最后，充分利用网络以及学校自身平台等优势，扩大沟通交流的渠道；充分挖掘相关平行课程对课程竞赛项目支持的可能性，寻求课程外教师、专家的帮助。

5. 企业竞赛创新创业课程教学方式探索

如前所述，不同于初阶教学与高阶教学，依托"竞赛专题设计"课程开展的企业竞赛创新创业课程定位在"承上启下"的中阶层面，除了沿用建构主义相关教学方法外，其最大的特点在于"深入竞赛、深入项目"的授课方式，以及"形成性评价"方式在教学过程中的应用。

（1）企业竞赛创新创业课程的教学方式探索。本科四年制产品设计专业学生进入中年级学习阶段后，通常已具备了一定的设计基本素质，掌握了一定的设计技能，如何通过适当的途径将这些所学知识进行有效的演练，进而促进产品设计知识的更新与迭代，夯实产品设计专业知识结构，是本阶段教学的主要任务。然而，作为中年级产品设计专业学生，产品设计能力处于初级阶段，对于产品设计的认识还停留在较感性的层面，如何选择合适的"项目"切入课程，将学生先验知识中的感性认识转化为理性知识，从实践的角度建构知识的意义至关重要。企业组织的设计竞赛，因其既能够兼顾学生设计创意的发挥，又能够在一定程度上增加学生商业设计的经验，故十分适合在这一时段与创新创业课堂教学相结合。

为了能够发挥以竞赛项目为载体的创新创业教学的最大功效，首先，需要明确教学目标，切不可为了竞赛而竞赛，也不能完全跟着企业的办赛思路教学，而是应该以促进学生产品设计专业知识的更新迭代、构建产品设计专业知识结构为主要目标，若偏离此目标则很可能造成学生认知上的偏差。其次，应尽可能地要求企业参与课堂教学，以带来课堂理论教学急需的实践教学，弥补学校教育与社会教育之间的差距，让学生真正明白参与企业设计竞赛的意义与价值所在。最后，在课程作业（设计成果）验收时，不可完全依照竞赛是否获奖作为教学效果评价的唯一标准，而是应该采取多元化评价手段，既重视结果，更重视过程。

（2）形成性评价在企业竞赛创新创业课程中的应用。形成性评价注重教学过程评价，是一种质性评价。产品设计是一项复杂的智力加体力活动，具有阶段性、反复操作的特征。产品设计的过程可以划分为多个设计阶段，且在实际设计过程中，推翻前一阶段设计成果的可能性时常出现。因此，在企业竞赛创新创业课程教学评价时，应该以过程评价为主，注重每个设计阶段的教学效果。在企业竞赛创新创业课程中，不仅要重视阶段性评价的重要性，也要充分调动教学过程中参与各方的评价积极性。特别是作为竞赛的发起方——企业，更是需要积极地参与教学的各个阶段，提出宝贵的建议与意见，在教评与学评方面发挥积极的建设性作用。与此同时，在教学过程中，要积极发挥学生互评的积极性，通过调研汇报、作品发表等一系列交流活动，提供学生进行互评的机会。在本次企业竞赛创新创业课程教学实践过程中，在上述几个方面的评价活动均有所涉猎，且收到了较好的评价效果。

(二)工作室模式：艺术设计专业创新创业教育的有效平台

2010年5月，随着《教育部关于大力推进高等学校创新创业教育和大学生自主创业工作的意见》的出台，创新创业教育被高校提上了日程。在高等教育已经从精英教育转向大众化教育的大背景下，本科阶段的教育教学呈现出紧密关注行业动态与社会需求状况、越来越注重将理论与实践相结合，追求真正学以致用的趋向，利用工作室模式推动艺术设计专业大学生创业就业实践为基础，对推进艺术设计专业大学生创新创业思想教育有非常大的意义。

1. 工作室模式的提出

工作室模式源自德国包豪斯设计学院，该模式创始人格罗皮乌斯提出一个理念：将艺术和工艺合二为一，才是真正的现代设计。他强调，在科学的基础上建立新的教育体系，可将科学逻辑的工作方法与艺术表现完美结合；把教育重心由"创作外形"转移到"解决问题"，可使设计体系走向实用、经济和美观。20世纪初，包豪斯设计学院应用工作室模式进行教学，让学生参与设计制作的全过程，让教师通过"作坊"来完成教学工作，而这一设想，合理地把设计教育由美术型引向与技术相结合，并且以技术为主导的理工型教育体系中。与此同时，包豪斯设计学院还与企业取得广泛联系，实现了"知识与技术并重，理论与实践同步"的教育理念。这种理念对现代设计教育具有深远意义，其倡导的工作室教学模式在世界各地得到了广泛的应用。

近年来，我国很多知名艺术设计院校开始采用工作室模式，一些综合性大学的设计学院也纷纷开始探索工作室模式。工作室模式的主要思路是：根据艺术设计专业就业难、就业质量不高这一现状，充分利用校内外资源，依托专业优势，创建工作室模式，将包豪斯的工作室教学理念应用于创新创业教育中；按照专业模块，根据各成员的专业基础水平与能力，建立不同的工作室，工作室通过各种渠道寻找合作企业，与企业签订合作协议，即企业将设计业务外包给相应的工作室；工作室像一个小型的设计公司，有专门的指导老师，具有完整的组织系统，接到设计任务后分工合作，按要求按时间完成任务。总的来说，工作室模式的思路，不仅有利于提高学生的设计能力，还有利于培养学生的专业技能，促使学生在设计实践中去探索设计的思想、技术和方法，促使他们快速转入职业轨道。

2. 工作室模式的创新创业实践

(1)工作室的设置。众多高等院校的艺术设计学院在前期发展的基础上，确立了"厚基础、重实践"的项目化教学模式，以"真题实做"课程改革为契机，通过产学研合作培养创新人才，逐渐形成了自己的办学理念：本着服务地方区域经济、依托本地产业发展而发展的指导思想，学院可以利用前期产学研合作基础和良好的创新创业氛围，建立"以学生为主体，以教师为辅导"的创新创业教育中心，组建了数媒设计工作室、平面设计工作室、环境艺术工作室、服装设计工作室等，着重培养学生在设计方面的创新创业素质与能力。例如，服装设计工作室可以依托学院服装研究所，以大三学生为主体，结合毕业设计承接完成中小企业服装设计项目，与濮院羊毛衫市场、海宁皮革城、平湖服装城对接；平面设计工作室也可以与各大标识、平面设计公司共同建立工作室，使其成为平面设计创新创业教育平台。工作室成员在指导老师的带领下，将企业的项目作为工作室研讨与学习的主题，结合企业的需求设计不同方案，被企业看中的设计稿由企业加工制作，然后进入流通环节；环境艺术工作室则与校外的企业展开合作，针对专业进行市场化运作，使学生有了更多学习、实践的机会，学生的培养质量也得到了保证。不同的工作室需要逐步建立校企合作培养基地，与企业联合设置模块课程，如标识设计模块课程、箱包模块课程、羊毛衫模块课程等，在校企合作过程中，不仅可以培养学生的创新创业技术能力，同时还为企业解决了技术方面的问题。

(2)工作室的构建。首先，提供场所。高等院校艺术设计学院分别为上述工作室提供空间，工作室成员在课余时间可以到工作室学习和讨论专业问题。有业务订单时，工作室成员能及时交流沟通，从而以最快的速度、最高的质量来完成业务，满足客户需求。其次，提供设备。学院建立相关实验室，开放相应的仪器设备和实验室，如电脑、实物制作、3D打印等，做到所需设备与教学共享。最后，提供保障。保障主要突出两项内容，一是经费上的投入，二是制度上的扶持。工作室的建设是"厚基础、重实践"的项目化办学理念的重要平台，在本项目运行过程中，学院各部门配合工作室的建设制度，并提供力所能及的协助。

（3）工作室的人员。首先，配备优质师资力量是艺术设计工作室良性发展的基础。根据学院现有专业教师的研究方向成立相应的工作室，每个工作室配备一名专业指导老师，主要负责教学的组织与日常工作的管理，而该专业指导教师必须拥有较强的创新能力或有创业的实践经历。其次，吸纳优秀学生人才，是工作室充满活力的必要条件。工作室的功能是以校内外设计服务为主目标，因此工作室成员必须拥有基本设计能力，在自愿、公平的基础上选拔工作室成员，一般以大三、大四的学生为主，其他学院有相应水平者也可以作为培养对象。要让工作室成为艺术设计学院学生向往的地方，进入工作室，学生会很努力地学习，进步才会非常明显。工作室还可以承接大学生创新创业大赛、学校招生宣传任务、学校宣传工作、企业宣传任务等，同时也带来了一定的社会收益。

3. 工作室模式的管理

（1）构建企业化管理体系。工作室创新创业教育模式有别于现有的管理模式，它分为两个层面：一是学院直接领导工作室，学院主要负责定点布局、人财物配置、校内外交流等宏观调控、组织协调等工作；二是工作室下设市场部、设计策划部、行政部、财务部等部门，由工作室指导老师(负责人)负责安排教学、计划与经营等，以项目为中心，从态度、能力、目标、业绩四个维度进行管理。在指导老师的带领下，学生参与制订工作室的管理制度、发展规划、设备管理细则、成员管理奖惩办法等，充分发挥学生的自主管理能力，培养他们的独立创新意识。

（2）以学生为中心开展教学。艺术设计创新创业工作室是学生课余时间的活动场所，学生始终是主角，教师主要是给学生牵线搭桥，起协助作用，具体的工作由工作室成员负责完成。如在财务管理领域，艺术设计专业学生略有欠缺，教师必须提前让学生掌握财务知识，使学生顺利地实施财务报告项目。另外，为了更好地学到经营管理类的知识，工作室成员可主动与商学院学生进行联谊，并邀请专业能力较强的学生加入工作室，共同管理工作室运营。同时营造良好的学习氛围，在工作室内形成"传帮带"的传统，让学生在团结互助、积极向上的环境中不断提高综合实践能力和团队合作意识。作为创业教育的平台，工作室应该是一个动态、连续的过程，这个过程离不开教师的指导。在项目设计过程中，如果学生对项目内容不明确，就很难做出方案，计划就无法顺利展开，这样就会影响工作效率，打击工作室成员的积极性。因此，指导教师要与学生同步，时刻关注团队的进展情况。

(3)开拓资源引进设计项目。项目设计是工作室得以成熟的重要条件，是工作室的主要工作任务，也是培养学生将所学知识应用地方经济服务的重要途径。工作室主要以参赛设计项目运作模式、承接校内外设计服务模式、实践培训激励模式等形式，来激发学生的创新创业热情。参赛设计项目主要是训练学生的创新思维能力，使学生及时把握国内外设计潮流与趋势，提升学生的艺术感知能力和设计品位，培养学生的创新意识和创新精神。在准备参赛的整个过程中，学生会主动利用手机收集与参赛作品有关的信息来完成作品，充分调动其设计思维，有的放矢地完成参赛作品；校内外设计项目主要是训练学生对市场的洞察能力和专业实践能力，这也是最能锻炼学生创新创业能力的设计项目。在实际操作过程中，工作室完全以企业模式接受业务订单，然后工作室成员分工合作，最终完成业务订单；实践培训激励模式属于虚拟设计项目，主要是为配合创新创业教育内容而设计的，通过非课程体系教育引导广大学生参与到创新创业行列中。

总之，创新创业教育是一个系统工程，开展创新创业教育并不等于鼓励学生毕业即创业，甚至休学创业，而是培养他们拥有创新创业的精神和能力。工作室模式的尝试正是这一教育理念的体现。工作室模式将参赛设计项目、校内外设计服务、实践培训激励模式等融为一体，满足学生个性化发展需要，凸显创新精神、更好地培养精英人才。同时，工作室模式可以提高学生专业学习的兴趣，培养学生的团队合作精神，提升学生的设计能力和专业素养，并有力地促进了产学研相结合。

四、优化创新创业课程课程师资队伍

1. 建设专兼结合的多元化高质量师资队伍

就目前我国创新创业教育师资来看，大多数来自艺术设计学院的专业老师或者专门从事设计专业就业指导的老师，缺乏既具有较高专业理论基础同时具有丰富创业经验的师资，因此高等学校艺术设计专业应努力建设专兼结合的多元化高质量的师资队伍。

首先，学校应注重引进外来师资，可以从企业、政府中聘请成功企业家、企业高级管理人才、投资专家为外聘教师，以丰富的创业实战经验来为学生讲授具体创新创业过程的始末，分享成功与失败。

其次，学校应对已有校内师资进行筛选、分类和考核。从各个学院选取有创新创业教育意向的学科专业优秀教师，将校内授课教师分为专门进行创新创业指导的教师、相应专业基础上进行创新创业教育教师，以及专门的专业老师。三类教师应相互促进，相互融合进而提高，针对不同阶段的创新创业教育，分派不同类别的教师，促进专业创新创业设计人才的培养。

最后，创新创业教育的教师还可以邀请创业成功或创业失败的校友，以及正在创新创业过程中的在校学生来为低年级学生分享经验，也能够让学习者感受到创业并非遥不可及。

2. 确保专业教师与创新创业教师的教育与培训

不论是艺术设计专业的老师，或是专门进行创新创业教育的老师，高等学校艺术设计专业都应保证他们加强建立与社会企业的联系，让这两类老师深入企业进行实战学习，增加实践经验，使其在具备较高理论知识的同时也具备相关创新创业经验。教师的创新创业行为，尤其是对高年级同学的设计实践行为，对培养学生的创业意识十分有益。

因此，高等院校应积极组织安排教师去企业参观，与优秀企业家互动，提高创新创业素养，也可以让外聘专家来校给学生授课时，让校内教师旁听，吸取经验。鼓励创新创业教师和企业合作进行相关课题研究，在实践中对专任教师进行教育与培训，增加这类教师对创新创业教育的理解，进而更有效地在教学过程中相互融合。

3. 营造良好校园创新创业氛围

高等院校应创设良好环境激励专业师资参与创新创业教育钻研与教学。一方面，高等院校可积极制定相应激励政策，将开发创新创业课程纳入教师职称评定等有关评价活动中，从而鼓励专业教师转变对传统创新创业教育的认识，鼓励专业教师积极学习创新创业教育知识，鼓励开发专业类创新创业课程，将创新创业教育知识纳入专业课程体系中，在教学过程中渗透创新创业教育内容，致力于培养创新创业艺术设计人才，例如校友资助政策。另一方面，学校应完善硬件设施，创建专业基础上的创新创业实践平台，比如设立基地模拟企业运作等，从而使专业教师在教学中教学相长，不断探索企业运营的奥秘，开拓视野。

4. 积极创新多种教学法

高等院校应鼓励创新创业教师创新教学方法，创新创业课程教师的教学方式与其他课程有所不同，不仅需要教师在自己专业领域内系统地进行知识传授，还需要教师利用各种创新教学方法融入创新创业教育知识，吸引学生参与整个教学过程。因此，教师应减少理论性知识填鸭式教学法，多以案例研究、小组探讨、任务导向学习等教学方法来进行教学。

创新创业教育课程中除了学生是主体，教师是另一个重要的实施主体，课程上的好坏与否关键在于教师，目前许多学校在创新创业教育的师资力量上显然还是有缺陷的。高校教师以知识型为主，缺乏创新创业经验和经历，通过对教师开展专门化培训，集体备课，参加专业论坛，学术会议提高教师的素质，培养专家型教师。此外，聘请在社会上的创新创业成功人士，分析项目案例，还可以邀请创新创业成功的毕业学生回校开展专业讲座，分享创新创业成功的经验，共同参与教学，请他们为学生进行实战辅导成为"筑梦导师"，同时还要为有创新创业想法的学生提供政策指导和有针对性的技术支持。

五、优化创新创业课程体系的评价方式及实施效果

创新创业教育的课程评价体系的构建是创新创业教育课程发展中重要的一环。韦斯特(Vesper)在多年研究的基础上提出主要从以下七个方面进行评价：提供的课程，教师发表的论文著作，对社会的影响力，毕业学生的成就，创新创业教育项目自身的创新，毕业学生的创立新企业的情况，外部学术交流。在课程评价方式中最重要的三个部分，一是学生，二是教师，三是课程本身。

1. 对学生的评价

在任何时候教育中的主体一定是学生，教育的根本任务是为了学生的全面发展。学生的发展需要与职业、专业相关联。传统教育中评价学生的方式比较单一，强调成绩是唯一的评判标准，对好学生与差学生简单地以成绩来定论，忽视了人的主观能动性，制约了学生综合能力的发展。

对于创新创业教育课程中学生的评价是以促进学生形成创新意识、创业素

质、创新能力为目标，在过程中引导学生不断向适合自己发展的方向努力前进。在评价中注重过程性评价，关注学生在创新创业教育课程是否获得了成功感，任何一种感受都有利于增加学生对后续课程的动力和信心，同样精心准备的创新创业计划书在比赛中落选了，如何面对失败也是学生们需要在创新创业教育必须面对的课题。创新创业教育课程关注的是学生在课程中的投入度，在实践课程中的参与度，让学生体验各种不同的感受是创业教育的核心所在。同时在评价中也需要注意几点：一是要根据创新创业教育的目标来设计教学，教学一定要符合学生的实际需要来制定方案，让学生善于学习，发现问题，提出问题，解决问题，发挥过程性评价的功能。二是要关注每个学生的差异性，学生生活轨迹的不一样使得学生的兴趣、爱好、特长各有不同，教师要善于寻找每个学生的优点，要依据学生的不同背景和特点，发挥好学生的优势和潜力，在学生遇到困难的时候，因地制宜提出适合学生解决问题的方案与建议。三是要注意评价方式的多样化，不但要改变"以成绩论英雄"的教学思维方式，还要改变"以考定终身"的考试制度。可以采用更灵活的形式来对学生进行评价。如采用学生创业成长档案袋，一人一档案，在完成所有创新创业课程学习后该档案将放入学生的个人档案，作为就业信息以便用人单位可以看到。也可以用商业计划书、项目报告书来代替课程最终的纸质试卷，项目策划书可以独立完成，也可以小组团队形式合作完成，但是"单兵作战"的能力有限，组团汇报的效果使得每个学生都能发挥作用，所谓物尽其用。这样在检验学生掌握创新知识、创业实践能力的同时，也能锻炼学生的演讲能力、临场应变、团队组织和协调能力。教师要通过各种形式的评价方式，鼓励学生大胆创新，小心求证，勇于实践，最终实现自己的创业目标。

2. 对于教师的评价

目前在教师的评价体系中，一般是按职称给教师进行分类，但是创新创业教育课程是目前教育体制改革中的一种新类型，评价也要考虑教师指导学生参加创新创业大赛取得的相关成绩；教师提供创新创业教育的信息、咨询和改进的建议；教师与企业开发的产品投入市场所带来的科学技术、专利发明、社会经济利益和社会影响因素；教师的教科研能力包括在国内外核心期刊发表学术论文、学术观点，参加重要学术会议、论坛等都会成为评价体系中重要的参考指标。当然并不是说做不到以上这些的老师就会在评价栏中垫底，其中还要结合教师主动参与创业工作的积极性、工作方法与态度、取得成绩等其他项目，综合各项指标来客观评价教师。

借鉴国外的经验，英国考文垂大学对于教师的评估有如下六点，教师评估要求是依据考文垂大学2021年的战略来设置的：

（1）学生满意度（Student Satisfaction）要在92%以上，学生的满意度是直接影响教师是否能够胜任该门课程的重要评价标准。

（2）持续就学率（Retention），这点需要在95%以上，持续就学率是指学生考入英格兰地区的高校后，随时可以选择放弃学业，也可以选择换学校进行学习。

（3）进步升级率（Progression）达到85%，进步升级率是指英格兰地区本科是三年制，苏格兰地区本科是四年制，学生可以从一年级升二年级，二年级升三年级时学生可以选择在本校继续学习，也可以放弃现在所就读的学校选择报考其他学校再进行学习。

（4）成功率（Attainment）在90%以上，学生按时毕业，而且学业成绩达到一定学位。

（5）教课质量优秀率（75% of lessons out standing）需要达到75%（QAA英国高等质量标准局），是要求所有老师、所有课程的优秀率达到75%，这项标准是由英国高等质量局规定的。科研实力分为1~5个等级，1代表最低等级，5为最高等级，代表该校的所有学科在全世界范围内都处于领先地位，100%达到领先；4分代表75%世界领先，3分代表50%世界领先，2分代表英国地区平均学科领先。教学质量代表75%的教学质量优秀。

（6）课程内容国际化程度（100% of curriculum internationalised）必须达到100%（Coventry University 2016），对教师来说是最难的，即该门课程必须跟非英国本地大学合作，合开一门课程。以艺术设计课程为例，通过用视频的方式同时上课，使用相同课件、作业，同步一起授课，这样可以促进相互交流，双方可以从对方教师身上取长补短。同时，这门课程的国际化还要做到，赴这门课程合作的国家或地区去参观访问，参观学习当地的教学方式，在教授课程中遇到哪些问题，怎么来教授诸如如何培养企业家精神，解释文化冲突等方面的问题。

当然英国考文垂大学对于教师评价的指标是基于对于英国大学发展战略的考量为标准，对于教师的评价而言，应该借鉴其做的优秀的地方，比如学生的满意度和教课质量优秀率这两方面，尤其是教课质量优秀率，这也是体现学校在本地区的教学质量，学校对于教师评价应符合科学、合理的原则。

3. 对于课程的评价

创新创业课程的评价，需要让学生在课程结束后，使这门课达到"有趣""有用"这两点。

"有趣"是指这门课上完之后，学生认为创新创业教学内容是否有趣，是否符合他们的需要作为课程的评价标准之一。

"有用"则包含三层含义：一是这门课程的教学是否能让学生完成课后的作业；二是上完这门课程是否能让学生顺利就业，找到合适的工作；三是这门课程是否能激发学生的创新创业想法，鼓励学生自主创业。

要针对课堂教学的情况进行安排。教师在上课的过程中，不能"一言堂"只顾自己说，而不考虑与学生互动，要在创新创业课程中留给学生一定的时间思考问题，这样有助于学生掌握知识点，也能和同学一起讨论问题、提出问题，并且让学生有时间放松休息。以上海工艺美院为例，学生的年龄基本是"95后"，学生与教师之间有明显的代沟，教师需要考虑学生的年龄特征，避免让学生产生厌学的心理。因此，要鼓励和引导学生善于提出问题，教师需要转变教学方法，对于一些性格活泼的学生，可以先让学生动手尝试，当学生遇到无法解决问题的时候，再分析知识点，让学生"在做中学"，让学生能找到提出问题、探究问题的方法。对于老师眼中"乖学生"主要用眼睛和耳朵来记忆知识这类学生，采用先讲授知识点，让学生"在学中做"。在课程最后的评价环节，要关注平时在创新创业教育课程中互动较少的学生，给予学生机会展现自己，让学生感受到课程带来的喜悦感。

4. 课程评价的效果

关于创新创业教育课程效果的评价，可以把学生的满意度作为课程评价的效果之一。学生是创新创业课程的主体，一方面要求学生在课程结束后对创新创业课程的授课形式、课程内容、上课的课件等作出客观、公正的评价。当然在评价中还要注意不能因为授课教师的严格教学，学生在打分时给予差评，这部分的比例在创新创业课程评价时要剔除相应的分值，学院在检查课程效果的分值时要对学生打分的数据一方面要进行统计，另一方面要针对统计后出现的一些分数较低的教师，寻找原因，比较同类型创新创业教育课程不同教师上课后学生的评价，学院教务部门要及时反馈信息给教师，让教师明确自己在授课中的还有哪些内容需要改进，当然对于获得好评的教师也要适当地表扬与鼓励。此外在创新创业课程结束时要对该课程作终期汇报展示，让学生展示在课程中所完成的创新创业项目报告、商业计划书，从中更好地树立创业精神，培养良好的创新创业能力和创新创业素养。

六、优化创新创业课程体系的保障措施

作为高等院校来说，要构建艺术设计创新创业教育还需要课程保障，学校不但要加大力度扶持学生开展创业计划，还要出台相关政策，积极为学生营造良好的创新创业环境。

（一）制度保障

1. 制定积极有效的政策帮助大学生实现创新创业计划

学校在制定创新创业政策之前，先要实地调研学生的需要，诸如产品设计这类特殊专业，不但需要学校的政策扶持，同时还需要所在区县的街道、相关行业、企业的支持，要从学生的实际需求出发帮助包括在校大学生，或是已经毕业的学生，在资金、场地等方面提供帮助，在政策制定或调整时，要更务实、更优惠一些。

以英国为例，政府与大学合作共建，英国有118所大学，都拥有一栋独立的企业家孵化基地大楼，它的作用是帮助学生将有创意的想法变成实物。基地内部行政人员会为学生牵线搭桥，他们每月定期组织将当地政府官员、企业家代表，安排与学生见面，时间一般是上午7~9点，俗称"企业家早餐会"。学生将自己的想法与企业家交流，企业家来判断这些想法有没有投资的可能性，政府官员则是思考能否提供其他的相关帮助。这栋楼被称为"虚拟办公室"，类似这样的大楼目前在国内也已经有了。学生并不在里面办公，而老师则负责为学生印发名片，相当于学生成立了公司。1万英镑年收入的项目，75%的知识产权归学生，25%归学校所有。如果收入超过10万英镑，则相反。收入越小，学生占的比例越大；收入越大，学校占的比例越大，相关所有问题，他们有一套完整的法律体系，解

决知识产权等的问题。英国大学所取得的成就，创业氛围之浓厚与跟英国的土壤有关。英国大学的顶层设计从头至尾都跟国家战略有关，英国目前所倡导的是"英国的创新是很棒的，英国的科技是很棒的，英国的商业是很棒的，英国的知识是很棒的"，通过顶层设计层层递进。此外，英国所有大学内都有一位知识转化的官员，他的工作是把科研、教师、学生的创意迅速转化成产业，并且有相应的系统进行成果转化，这个系统被称为"知识转化系统"(the Knowledge Transfer Network，KTN)，系统同时还连接欧盟企业转化系统(Enterprise Europe Network)，为英国的高校提供资金，因此英国大学对于之前英国退出欧盟事件一致持反对意见。英国的创新局鼓励全民创新，针对的是专家、业界、所有拥有创业想法的人。创新局主要提供科技创新的政策/资金扶持(Financing for the innovation and technologies incubations)，资助金额是 25 万~1000 万元人民币，一旦有合适的项目，经过英国创新局的审批，资助时间是 6~36 个月，他们对创新人员的背景没有要求，为任何有创意想法的人提供通道。目前，英国中学都有企业孵化器，当然也有批判是不是要鼓励学生去网上做生意，不论是在网上做生意还是实体经济，英国在大方向上鼓励学生创业。

在国内，上海嘉定区菊园街道成立菊园新区文化创业园区，为符合条件的毕业生创业提供一站式服务。嘉定新城魔方创客工厂正在招商阶段，那里地处嘉定西地铁站附近，拥有交通发达的地理优势，目前提供短租 6 个月，即租即用，每月租金 599 元/人/月，按人员计算租金，提供免费宽带等优厚条件。

要为大学创业提供全方位多渠道的政策支持，学校创业中心因地制宜，结合学院实际情况制定具体落实的方案，从这一层面上可以借鉴国外的相关做法，当然也要符合适合本土化发展，从而使政策真正帮助到需要创业的学生。

2. 落实资金问题解决学生实际困难

资金问题一直是困扰大学生创业最根本的问题之一。创业的前期资金一般来源于学生自身的积累或是父母、亲友的帮助，这导致了学生创业失败后的负罪感。既要让学生筹集到创业的资金，同时要让学生享受到阳光政策，笔者了解到目前一些典当企业针对学生创业出台了一些小微企业贷款的相关政策，但是这需要有一定担保资格的单位或者个人为学生提供保障，学生才能贷款成功，这无形中也使优厚的政策无法落到实处，企业办不成好事，学生得不到实惠。对于这类情况的出现，学校和企业联合出台政策，由学校、企业、学生各自承担一部分责任，先解决学生的创业资金，在一定时间内予以免息贷款，规定时间后如果学生能够盈利，并能偿还部分款项，那公司继续运营；如果到期学生仍然无法偿还部分贷款，且创办的公司仍然在亏损状态，则取消学生继续贷款的资格，这也能有效降低学生创业的成本，真正解决资金的困难。

(二) 环境保障

艺术设计专业创业教育课程的核心在于学科建设，要把学科建设好首先需要强化师资力量，培养一支适合艺术设计创业教育课程发展的高素质高技能创新人才，其次需要为学科建设搭建一个沟通、展示、合作教学的创业教育平台。

1. 多层次多方位培育师资队伍

要构建创业教育课程的学科建设，最重要就是教师。俗话说"没有教不好的学生，只有不会教的老师"。在英国对于文化创意产业专业教师的培养，需要做到三个方面，一是成为丰富经验的行业界引领者或者相关专业博士，二是教学方面，三是科研方面，教师需要通过参展，师生作品产学研结合，来达到教学目标。以考文垂大学为例，包括系主任在内的教师授课内容必须是当今国际最前沿的内容，授课课件必须达到标准化的要求。考文垂大学认为"一个教学质量的优秀率必须在高度标准化的基础上"建立的，教师集中在某一时间段，通过小组备课的方式完成教学，所有上传到校园网的教案是相同的。只有在高度标准化的前提下，教师才能体现各自的特色、各自的教学特点。每学期结束教师需要对教案进行更新，而每学年要对教案内的案例进行全部更换。同时，要求教师定期"回炉重造"再进修，全面更新知识体系，通过学习可以获得该课程在全世界领域内最新的案例，分享学习不同授课的方式。

在英国，已经不再是互联网辅助教学，取而代之的是移动科技辅助教学。"90后"的学生需要教师不断研究学生心理行为模式，他们热爱手机，因此将手机中的应用程序如何运用在教学中成为现代教学手段。如 Evernote、Learnium、WordPress，其中 Evernote 和 WordPress 是美国设计，而 Learnium 是由英国开发应用。Evernote 是将娱乐化的教学模式置于教学中，将上课的课件编入游戏化的模式中，使得学生运用手机学习知识。Learnium 相当于一个学习平台，是 24 小时模式，与个人电子邮箱链接在一起。它是将小组作业，以群的方式建立，类似于国内的 QQ 群，能显示在群内的所有动态，学生上线人数，上线之后学生对于讨论作业，完成小组打分，教师是作为监督者，有效督促学生学习。WordPress 是文创类核心课程中，需要学生在课后撰写个人发展计划，类似像国内的部落格（blog）可以图文并茂地将想写的内容表达出来，教师可以根据学生写的内容评论或是点赞。目前 Learnium 和 WordPress 在英国的课堂运用率达到 100%。在英国的课堂中，教师已经不再是教师，教师需要转变身份，他是一名辅助者，是辅助学生成功的人，并且能让学生加入"学习是很有趣的氛围"中的人，是帮助学生认为在课堂上学习的知识是很"好玩"的人。

借鉴英国文创培育教师的要求，我们首先要加强教师素养的培养，让教师具有危机意识，树立终身学习的教育理念。二是要加强教师业务能力的培养，定期轮流让教师参加国内外专业化培训，提高教师专业化能力，及时更新专业技能有利于对人才的培养。三是要与让教师走出去参加"下企业"实践，提高教师产学研结合的能力，缩小理论与实践上的差距，让"短板"不在短。

2. 建立沟通、展示、合作教学的创新创业教育平台

要构建创新创业教育课程的学科体系除了教师以外，还需要创建一个沟通、展示、深化合作教学的创新创业教育平台。现在国家提倡"工匠精神"，非遗文化的传承正是实现工匠精神的有效载体。上海工艺美院在传统工艺美术领域具有多个专业方向，通过将非遗传承，与创业项目为平台相结合，鼓励、帮助、扶持学生发扬传承中国非物质文化技艺的精髓，将国外先进的设计理念与传统工艺相结合，让工艺传承迸发出新的生命力，让"80 后""90 后"的学生成为创新创业项目的示范者、引领者、传递者。非遗文化需要"有温度的传承"，学生是年轻代表，技艺是老祖宗留给人类最宝贵的财富，这样的组合模式为工艺美术专业创业教育课程体系建设提供了一个参考和思路。

七、优化创新创业课程体系的意义

1. 有利于缓解艺术设计专业学生的就业压力

艺术设计专业大学生的专业实践优势和创业积极性，对创新创业能力的培养较有利。在创新创业的过程中利用动手能力强的实践优势，能相对更加容易地生

存下来，而创业积极性能帮助自我调节，因此锻炼了创业能力。创业能力的增强，使得设计类大学生能更加顺利地开展自己的业务活动。业务活动的增加直接导致对人才需求的增加，就业岗位也相应增加。在这种良性的创业实践循环中，设计类创业者不仅解决了自身的就业问题，同时也提供了更多的就业岗位，缓解了就业的压力。

(1)有利于自我价值的实现。设计类大学生进行自主创业，能够将自己的创意和偏好在创业实践过程中实现。在这个过程中，通过自身的努力和不断地学习创业知识，让自己喜爱的设计成果和兴趣成为符合市场要求的现实产品，满足创业者自身对事业理想的追求。借助扶持政策对大学生自主创业的鼓励和支持，在社会的实践中释放自己的能量，展示自己的能力，实现自己的报负，把谋求实现自我价值的目标作为创业的动力源泉。随着越来越多的大学生开展创业活动，让创业的氛围在社会上传播开来，对创新创业型社会的建设产生推动作用。

(2)有利于自身素质的提高。自主创业实践本身就是对创业者意志的磨砺，对各方面能力的锻炼，对自身素质的提高。创业能带动主观能动性，塑造开拓事业的进取心态，让创业者能不断研究学习、调整自己、认真思考，在不同状况下学会灵活应变，学会正确地看待挫折和阻碍，培养坚韧的性格，认识坚持在创业历程中发挥的作用。设计专业学生在这个锻炼的过程中，还能了解更多关于金融学和社会学知识，懂得如何管理自己和自己的事业，如何发展人际关系，如何争取更多关注等创业能力。

结　　语

在艺术设计专业创新创业教育教学中，必须培养学生的创新意识，提升他们的创新能力，必须引导学生拓宽眼界，认识到艺术创作的广阔可能性。创新涉及传统观念的突破，培养学生从不同角度思考问题的能力，进一步激发创新意识。同时，高等院校艺术设计专业通过组织设计实践活动，使学生可以将所学的艺术设计理论知识应用到实际情境中，提升设计实践能力。创新创业老师可以组织学生参加艺术展览，让他们有机会与专业设计师互动，并了解最新的创作潮流。此外，还可以引导艺术设计类学生参加设计比赛，通过与其他学生的竞争，锻炼他们的创新能力和竞争意识。实践活动不仅提升了学生的实际操作能力，还能培养他们独立解决问题的能力和团队协作精神。

　　高等院校还可以建设艺术设计专业创新创业支持平台，提供创意和创新项目的梳理和孵化、创新企业孵化加速、创意技术的转化等一系列服务。通过平台为学生提供创新创业导师、市场推广与销售支持、投融资资助和网络资源，帮助他们规划创业路径，获取创业顾问与资源支持，实现创新创业梦想，构建以项目为导向的学习从而培养学生的创新思维。通过给学生提供具体的问题和挑战，激发他们解决问题和提出创新解决方案的能力。项目学习要与实际行业需求紧密结合，设置有具体目标和评估标准的项目任务，鼓励学生通过团队合作、自主实践等方式完成任务，培养创新创业精神和团队合作能力；根据市场需要增加创意课程，培养创新能力；通过培养学生创新意识和创新能力，引导他们积极独立思考；创意培养课程可以包括创意启发、创新方法和技巧等教学内容，同时引入案例研究和实践活动，让学生在实际操作中提高创造能力和创新意识。

第四章 艺术设计类大学生设计创业的创新模式研究

在全球化和信息技术革命浪潮的影响下，中国正面临难得的契机，特别是步入工业4.0时代发生的教育反哺，需要高等院校转变人才培养理念、完善人才培养体系，文化产业的繁荣发展离不开创新创业型艺术人才的培养，顺应创新创业教育浪潮的风向，培养艺术设计人才的创新创业意识、创新创业精神和创新创业能力，是当代中国艺术设计院校及专业面临的重大历史使命。目前，高等院校的艺术设计专业创新创业教育还没有完全纳入人才培养的全过程，与专业教育没有形成有机联系，创新创业教育一旦脱离了学科专业，学生也就失去了自身的专业优势。

1. 理论意义

首先，高等院校艺术设计专业创新创业教育模式是当前高校创新创业教育理论研究中的薄弱环节，针对这一问题做深入探讨，不但满足时代发展的理论需要，更新高等院校艺术设计专业人才培养的传统教育理念，同时对教育理论予以创新，为艺术设计专业学生的创新创业实践和学校决策部门提供理论依据，为高等院校艺术设计专业的素质教育、创新创业教育的实施提供了一种有效途径。

其次，高等院校艺术设计专业创新创业教育研究的理论价值实际上是对教育理论的改革。国内外的大量研究中，单独针对创新教育、创业教育的研究较多，对于创新创业教育模式整合研究的较少，进行此方面的研究可以扩展高等院校艺术设计专业创新创业教育的理论外延。

最后，中国高等院校创新创业教育起步较晚，一直以来都没有得到足够的重视。虽然政府对高校的创新创业工作非常重视，制定了一系列鼓励和支持高校学生创新创业的政策，部分高校在 2002 年展开了创新创业教育的试点工作，但必须承认，我国高校的创新创业教育一直处在"可有可无""外热内冷""社会价值观引导多、教育价值观引导少"的状态。尤其是很多高等院校艺术设计专业对学生创新创业能力培养的时代意义缺乏深入认识，更缺乏科学化、专业化的方案与模式，在如何吸收国外发达国家创新创业教育经验和成果方面有待加强。鉴于此，我们迫切需要加强高等院校艺术设计专业创新创业教育模式的理论研究。

2. 实践意义

首先，从促进艺术设计类大学毕业生充分就业的角度看，创新创业教育是实现"以创促就"的基础工程。大学生就业问题是一个长期的战略性问题，尤其近年来"艺考热"引发的"就业难"。作为高等院校的教育管理者，首先要转变传统的教育教学思想，不能将目光局限于大学生的就业，应该将目标定位为既能适应社会，又能主动开拓创业机会的创新型艺术设计人才，以创新创业带动就业从而缓解就业压力。

其次，从服务国家创新驱动的视角来看，创新创业教育是培养创新创业艺术设计人才的重要途径。高等院校是国家创新体系的重要组成部分，是创新行为的主体。高等院校艺术设计专业越来越多地承担起社会服务的重要功能，以创新创业教育为契机推动艺术设计教育改革和实践创新，使其成为连接政府、企业、社会和大学的桥梁和纽带。

最后，从高等艺术设计教育自身发展的视角看，创新创业教育是解决当前教育问题的重要途径。艺术设计类大学生具有思想活跃、敢于冒险、个性鲜明的特殊优势，开展高等院校艺术设计创新创业教育，可以满足学生自我发展、自我完善的需求。从艺术设计专业教育改革的方向看，创新创业教育是一种面向成果的教育模式，是真正问题导向式的教育模式，构建符合艺术设计院校特色的创新创业教育模式，对于解决现实问题提供了可行性建议和借鉴。

第一节 "项目驱动式"教学模式

根据建构主义的学习理论，艺术设计专业学生对于知识的获取，来源于对艺术设计双螺旋知识体系的意义建构。"项目驱动式(PBL)"教学模式集中关注于某一学科的中心概念和原则,提倡学生积极地学习、自主地进行知识的建构,旨在把学生融入有意义的任务完成的过程。这种教学方法体现了以任务为明线、以培养学生的知识与技能为暗线、教师作为知识的促进者、学生作为知识创造的主体的基本特征。

一、"项目驱动式(PBL)"教学模式理论体系

"PBL"是英文 Project-Based Learning 的缩写,意为"基于项目的学习",或"项目驱动式学习",是建构主义学习理论下的一类教学方法。其核心思想是通过现实世界中的真实问题捕捉学生的兴趣,并唤起其深度思考,在解决问题的情境下,使学生获得与应用新的知识。"PBL"教学模式相关理论体系为构建"知识创新+项目递进制"教学模式提供了重要的理论基础。艺术设计是一门综合型交叉性学科,它要求艺术设计师具备"通才型"知识结构,"PBL"教学模式对其学科建设,学生知识体系的建构具有积极意义。在"PBL"教学模式的实际应用案例中,日本多摩美术大学具有一定的代表性,其课程设置、教学方法具有重要的参考价值。

(一)"项目驱动式(PBL)"教学模式的概念

早在20世纪初,约翰·杜威(John Dewey)就提出了实用主义教育思想,在其推广"做中学(Learn by doing)"教学理念时,曾在《我的教学信条》(*My Pedagogical Creed*)一文中列举了他所信奉的教育:"教师在学校不应给学生强加想法或塑造习惯,而是应该作为团体中的一员选择积极地感染学生,帮助他们正确面对困难……因此我相信,所谓的表达或建设性活动中是教学的中心关系。"这种"做中学"的学习模式被戴维·库珀(David Kolb)进一步阐释为"体验式学习(Experiential Learning)",库珀认为,学习是体验(experience)、感知(perception)、认知(cognition)与行为(behavior)四个方面整合统一的过程,"学习是通过体验的转换而创造知识的过程"。在此背景下,后来的教育研究者们拓展了杜威的实用主义教学理念与库珀的体验式学习理论,形成了今天我们熟知的"基于项目的学习"的教学方法。

"PBL"是一种满足业务需求的学习手段。德菲利皮（R. J. DeFillippi）将其定义为："通过项目推动个体与集体学习的理论与实践"，因此，"PBL"是组织学习的一个重要方面。美国巴克教育研究所将其描述为：项目学习是一套系统的教学方法，它是对复杂、真实问题的探究过程，也是精心设计项目作品、规划和实施项目任务的过程，在这个过程中，学生能够掌握所需的知识和技能。这是一种以学生为中心的学习方法，致使教师甘愿放弃原本的教师角色转而充当协调人的角色。"PBL"被认为是替代以教师为主导、以纸为基础进行死记硬背式教学的一种教学模式。该教学模式的支持者认为，"PBL"模式可以让学习者更深入地理解概念，获得更广泛的知识基础，提高社交与沟通能力，提升人际关系，增强领导能力，提高创造力，等等。

20世纪90年代，美国加利福尼亚州纳帕市的商业领袖发现在新经济环境下，传统的教学模式已经无法确保学生获取足够的创新创业技能来满足用人单位的需要。为此，当地的学校、商业及社区领袖携手开始探索新的教育模式。1996年，第一所以"PBL"学校——纳帕新技术高中（Napa's New Tech High School）成立，开启了"PBL"教学模式的探索之门。经过10年的探索，一份评估报告显示，"PBL"教学模式最重要的价值体现在该校的毕业生在技术应用与丰富项目课程积累这两个方面。

经过20年的发展，"PBL"教学模式涉及中小学、高等教育等多个教育领域，已被工程、计算机、英语、医学等多个学科领域研究与应用。目前，国内设计学科领域内对于"PBL"教学模式的研究尚处在起步阶段，缺乏较系统与深入的研究，同时也缺乏对设计教育强国"PBL"教学模式的研究与引进。

（二）"项目驱动式（PBL）"教学模式的内容

"PBL"的基础建立在真实性或是现实生活的应用上。学生作为一个团队将对给定的"驱动问题"做出回应或反馈，接着通过一个或多个"人造物"来展示他们获得的知识。这种"人造物"可以包括各种各样的媒体，如著作、艺术、图纸、三维模型、视频或基于技术的演示，等等。"PBL"的核心理念是通过现实世界的真实问题捕获学生的学习兴趣，并激发学生在解决问题的情景下认真思考如何掌握和运用新知识。教师扮演调解人的角色，与学生共同架构有价值的问题，构建有意义的任务，指导学生的知识发展与社会技能，并仔细评估学生从经验中学到的东西。典型的任务是提出一个亟待解决的问题（例如：减少交通堵塞的最好方法是什么？）或对一个现象进行调查（导致雾霾天的原因是什么？）。全方位的"PBL"教学模式应包含以下7个方面：

(1)围绕一个开放式问题或挑战（项目）。

(2)创建一个必须知道的基本知识和技能。

(3)要求了解或创造新的东西。

(4)需要批判性思维、解决问题的能力、协作能力以及各种沟通模式。

(5)允许学生在一定程度上作出回应与选择。

(6)结合反馈与修订。

(7)公开展示最终成果（产品或表演）。

"PBL"依托于学习小组，小组成员通过协作完成特定的目标。教师鼓励小组成员对自己的学习负责，并开展积极的学习活动。当学生使用技术作为与他人交流的工具时，他们扮演着一个积极的学习者角色，而不是扮演着一个通过教师、书本或广播来传递信息的被动接受者角色。学生总是在如何获取、显示或操纵信息方面作出选择，而技术使学生能够积极地思考他们所作的选择。每一个学生都有机会单独或以小组的形式参与其中。

在"PBL"教学模式中，教师主要扮演"促进者"的角色。他们不会放弃对课堂或学生的学习的掌控，而是建立一种带有共同责任感的学习氛围。教师必须构建建设性问题，以便通过以内容为基础的材料指导学生进行学习。教师必须调控学生因间歇性、过渡性目标所带来的成功，以确保学生对项目保持足够的专注度，对概念的研究具备深度的理解。学生通过持续的反馈与评估对这些目标进行验证。这些必不可少的反馈与评估可以确保学生始终保持在驾驭问题的范围与项目解锁的核心准则之内。按照巴克教育学院（Buck Institute of Education）安德鲁·米勒（Andrew Miller）的观点，形成性评估（Formative Assessments）被用于"为了让家长和学生清楚明白评估的重要性，你需要能够跟踪和检测不间断的形成性评估，以确保它符合教学标准"。教师使用这些评估指导探究过程，以确保学生学习必要的内容。一旦项目完成，教师将对学习成果进行评价，并进行展览展示。

(三)"项目驱动式(PBL)"教学模式的特征

"PBL"教学模式糅合了当前三大教学法的特点,集中关注于某一学科的中心概念和原则,让艺术设计专业学生积极地学习、自主地进行知识的建构,旨在把学生融入有意义的任务完成的过程中。这种教学方法体现了以任务为明线、培养学生的知识与技能为暗线,以教师为主导、学生为主体的基本特征。

PBL教学模式强调以学习者为中心,鼓励学习者在学习过程中对自我知识进行积极的建构。该教学模式打破了传统的师生关系,师生由"主从"关系转变为"合作"关系,教师不再是高高在上的发号施令者,更多的扮演着合作伙伴的角色。该模式让学习活动充满着目的性,能够帮助学生达到学习的最佳状态。其主要特征包括:强调以学习者为中心(Learner-centered),倡导主动学习(Active Learning),强调合作学习(Cooperative Learning)。

1. 强调以学习者为中心(Learner-centered)

"以学习者为中心"的教学,作为一种广泛的教学方法,强调将教学的关注点从教师转移至学习者。其最初的教学目标是让学习者自我掌控学习路径,开发学习者的学习独立性与自主性,它专注于技能与实践,使学习者养成终身学习和独立解决问题的习惯。"PBL"是一种以学习者为中心的教学方法,教师只是知识的"促进者",而不是知识的创造者。

2. 倡导主动学习(Active Learning)

"主动学习"一词已广泛用于"关注学生活动的教学"以及"学生参与学习过程的教学"之中。不少研究者认为主动学习可以将学习者融入学习过程,在主动学习环境中,学习者可以掌控自己的学习,即可以从事分析、综合、评价的高阶学习。许多哲学家、理论家和研究人员认为,主动学习比被动学习更加有效。"PBL"教学模式倡导积极主动地学习,采用"团队—个人—团队"的教学方法,鼓励团队成员一边协作一边独立自主地解决问题。

3. 强调合作学习(Cooperative Learning)

合作学习是一种使课堂教学活动成为具有学术性和社会性学习经验的教学方法。合作学习不仅仅是将学生进行分组,它通常被描述成"建构积极的互信依靠关系"。学生必须以集体工作的形式完成学业目标任务。不同于独立学习的是,从本质上而言，合作学习更具竞争性的同时，学生也可以在学习过程中利用彼此的资源与技能(共享彼此的信息，评估彼此的想法，监督彼此的工作)。此外，教师的角色转变为促进学生学习的信息提供者。成功的合作学习任务是一种高知的、创新的、开放式的且涉及高阶思维的任务。"PBL"教学模式以项目为载体，充分肯定团队协作的价值，并鼓励开展跨学科、跨领域、跨年级的合作学习。

(四)"项目驱动式(PBL)"教学模式的价值

许多教师、家长和学生从"PBL"教学方法中获得了成功。当学生能够控制自己学习的结果时，他们学得会更好。跨学科且社会参与度较高的"PBL"教学，其作用与价值在于：

(1)认识到学生学习的内在动力，他们有能力从事重要的工作，他们需要被认真对待，应该把他们放在学习的中心地位。

(2)让学生参与一个学科的核心概念和原则制定中(项目工作是中心课程而非外围的课程)。

(3)强调突出具有挑衅性的事件和问题，使学生更深入地去探索真实可靠且重要的课题。

(4)要求使用基本的工具和技能(包括使用技术)，来学习、自我管理和项目管理；指定"产品"(人造物)，这些"产品"可以通过调查、研究或推理来解决问题、解释困境或提供信息。

(5)包括多个"产品"，可以允许频繁的反馈，向学生提供从经历经验中学习的一致的机会。

(6)使用绩效评估的方法，这个方法可以传达高期望、提出严峻的挑战并且需要一系列的技能和知识。

(7)鼓励某种形式的合作，不仅是小团体，学生 LED 演示，也可以是全班评估项目结果。

二、日本多摩美术大学"项目驱动式(PBL)"教学模式运用举例

设计教育比较发达的国家，很早就开始尝试将实际项目融入设计教学，让学生在模拟实战的情景下进行学习。最早在设计教育中融入"PBL"教学方式的学校可以追溯至德国的包豪斯，目前开展"PBL"教学的艺术与设计类院校以日本多摩美术大学较有代表性。

(一)"项目驱动式(PBL)"教学模式的设定

多摩美术大学于 2005 年获得了日本文部科学省"特色大学教育支援计划"与"当代教育需求举措支援计划"两项教育支援计划的支持，结合其在美术与设计教育领域多年的办学经验以及在"官、产、学"方面 20 多年(始于 1985 年)的经验积累，多摩美术大学于 2006 年正式引入了"PBL"教学模式。

多摩美术大学的"PBL"教学模式是在保留了其原有教学模式的情况下，导入了新的教学方法，意在通过多种形式发展学生的综合能力。它以学生为主体，以解决问题为基础，以提升专业技能与综合应用能力，以及适应社会各种需求的能力为目的。其特色在于，将不同专业不同能力的学生会聚在一起，为学生提供一个可以相互启发、互相学习进而创造新想法与新知识的学习场所。此外，校外企业和地方自治团体与课堂教学相关的项目也很多，学生也可以在这种不同视角与价值观汇聚的场所进行学习。

对于"PBL"教学模式而言，"项目(project)"的设定至关重要。多摩美术大学在"PBL"教学模式相关"项目"的选择上十分注意多样化，其合作对象涉及地方政府、产业界、学术界和各种民间组织，构筑起了"官、产、学"三位一体的合作模式。此外，那些在现有研究领域内带有前瞻性、实验性的课题项目也是"PBL"课堂中的常客。

多摩美术大学的"官、产、学"合作项目，是其"PBL"教学模式的前身，亦是开设"PBL"课程的基础。其最初是通过外部企业和政府为其提供研究上的支持，后逐渐转变其为企业与政府提供相关研究支持。由于受到社会的高度认可，多摩美术大学开始越来越多联合当地政府与国内外企业，构筑起了一种动态的教育体系，建立了与多个部门联合建设的交叉课程群。除了与企业、政府部门开展合作，多摩美术大学也关注社会福利事业，热衷于公益项目，与日本红十字会的合作已开展多年，成果丰富。

经过 30 多年的发展，多摩美术大学"官、产、学"相结合的研究设定，大致可以分为三个方面。一是"实施"型：以商品化、量产化为前提的实际设计项目。

学生的设计创意作为商品设计提案的一部分，通常以外观设计专利收购的形式被企业所采纳，为社会创造价值。二是"未来设计"型：不以量产为前提，但带有预测性的设计研究项目。学生需要通过相关的调查研究，对未来市场中可能出现的新产品进行前瞻性设计。三是"自治团体提案"型：涉及当地产业、传统工艺的继承与发展，旨在为激活地方相关领域产业的发展作出积极的贡献。

(二) 教学模式对应的课程系统

多摩美术大学"PBL"教学内容丰富多彩，主要教学内容(科目)由多学科领域内的基础训练，符合各专业领域的课题，各类企业、团体的"官、产、学"项目，以及现有领域并未涉足的带有实验性、实践性的项目组成。多摩美术大学"PBL"课程设置十分灵活，学科特色明显，官产学研联系密切，除了个别课程对选课学生有所限制，大多数课程面向所有年级和所有专业的学生开放。在同一课程中，学生可组成跨学科、跨年级的学习团队。除了学生层面的跨学科，在组织层面多摩美术大学也十分注重不同学科之间的配合与协作，例如在 2010 年与雀巢公司合作的产品开发与包装设计"PBL"课程，即是由平面设计与艺术设计两个学科共同携手组织的，又如 2016 年的 Tamaribazu 现场演出项目，是由剧院舞蹈设计与一体化设计两个学科提供师资支持。

多摩美术大学的"PBL"课程设置，非常重视课程开设的连续性，有多门课程存在连续开设多年的情况。例如由纺织设计系开设的"香蕉树(茎)纺织品设计"的相关课程，从 2009 年开设至今，已连续授课多年，且由最初的"香蕉树(茎)纺织品入门——材料研究"课程拓展到现在的"材料研究""纸模型制作""材料制作技术""可持续设计""香蕉树(茎)纤维与民众生活习俗"等多个领域，形成了以香蕉树(茎)为研究对象的，基于材料应用与研究的课程体系。除此以外，由平面设计系开设的"平面设计基础"课程，与日本红十字会合作的课程"日常生活中生命的意义质问项目"，由日本画专业承担的"日本纸、手造纸的研究"课程也已开设多年。

多摩美术大学"PBL"课程设置，也十分重视学生跨学科知识的积累。其开设的多数课程，均面向该校所有年级与所有专业的学生。没有一门课程只针对某一专业或某一年级开放。这种跨年级、跨学科的开放式选课模式，有助于学生形成丰富的设计知识体系，也有助于学生形成良好的团队合作意识。将不同年级的学生集中在同一课程中学习，高年级学生可以向低年级学生传授学习经验，有助于学生之间形成互相学习的良好学习风气，除此以外，上课学生还可以结交到不同专业不同年级的朋友，有助于拓展自己的"朋友圈"。

多摩美术大学特别重视对"PBL"教学模式成功案例（项目）的宣传，每年都会专门组织校内与校外的"PBL"成果发布会与展览，一方面向社会展示"PBL"教学模式的教学成果，另一方面也是为了吸引更多的企业、社会团体、政府机构加入官产学研合作中来，进一步促进和完善"PBL"教学模式。

"PBL"教学模式已被广泛应用于多个学科领域，并被证实是一种以学生为中心的，行之有效的教学方法。它与社会紧密相连，以项目与行动为导向，适合跨学科的综合教学，强调体验、感知、认知与行为在学习过程中的突出作用，鼓励学生在情境中建构知识，逼迫教师转变角色。

（三）教学成果及启示

多摩美术大学"PBL"课程至 2006 年开设以来，已走过 10 余个年头，从最初的不足 10 门课程发展到 2016 年的 22 门课程，参与教学的系部也由最初的不足 5 个达到现在的近 10 个。通过 10 余年时间的发展，多摩美术大学的"PBL"教学模式取得了丰富的教学成果，为企业创造了经济效益，为学校及当地政府赢得了声誉。例如由纺织设计系承担的"PBL"课程——八王子纺织工会新品开发项目，四年来（2013—2015）为企业设计了几十种领带花色，丰富了企业的领带产品样式，为企业创造了可观的经济效益。又如与日本红十字会合作的"日常生活中生命的意义质问项目"，2011 年开启的合作在 2013 年得到了日本工业设计促进组织（Japan Industrial Design Promotion Organization，简称 JIDPO）的认可，获得了 Outline of Good Design Awardwinners 2013（"连接人类生活沟通"优秀设计奖 2）。再如 2010 年与瑞士雀巢公司合作的"PBL"项目——奇巧（KitKat）食品包装设计，学生的设计作品不仅实现了商品化，还获得了"日本包装协会奖"。

每年四月，在多摩美术大学八王子校区图书馆，都会举办"多摩美术大学'PBL'教学成果展"。所有"PBL"课程的教学成果将在这里展出，特别是和企业、政府或公益组织合作产出的项目成果，均被安排在展厅最显眼的位置。除了在校内展出，多摩美术大学也积极将"PBL"展推往校外，如 2012 年在日本全球环境信息中心举办的"PBL"展，2012 年同志社大学"PBL"教育论坛展，以及 2013 年 NHK 环境运动生态园"未来的环保行动"展等。

多摩美术大学"PBL"教学模式的成功并非偶然，首先，它符合设计学的学科特色——重实践、多元化；其次，它有助于设计专业学生建立健全自身专业知识结构；最后，它顺应了跨学科、跨文化的时代发展潮流。通过对日本多摩美术大学"PBL"教学模式进行深入研究，我们得到以下启示，有助于我国艺术设计专业学科建设。

第一，注重学科交叉与融合。多摩美术大学"PBL"课程由多个专业系部提供师资支持，选课学生不受专业背景限制，各个专业学生均可选择自己心仪的课程进行学习，除了个别科目有年级上的要求，绝大多数科目面向所有年级开放。这种跨学科跨年级的选课方式，十分有助于建立学生的专业知识体系以及交际圈。

第二，注重"官产学研"相结合。多摩美术大学"PBL"教学模式下的课程规划，既有偏向于设计基础领域内的实操性课题，如"包装设计基础""香蕉树(茎)纺织品——纸模型"，也有偏向于知识拓展型的研究性课题，如"日本纸、手造纸的研究""香蕉树(茎)纺织品——可持续设计练习"等，既重视与企业进行合作，如"雀巢奇巧(KitKat)食品包装设计项目""八王子纺织工会新品开发项目"，也重视与政府机构进行合作，如"真鹤 KDD-I 产学官联合社会设计项目""镰仓旅游设计项目""日常生活中生命的意义质问项目(日本红十字会合作项目)"等。这种多渠道合作形式，非常有利于学生在不同合作模式下探索适合自身实际情况的未来发展路径，也能够丰富学生的知识面，开阔眼界，拓宽人脉。

第三，注重教学成果的商业转化与推广。多摩美术大学"PBL"教学模式下的教学成果，不局限于将设计概念留于纸面，而是想方设法地将其商业化或推广出去。其与八王子纺织工会、雀巢公司、雅马哈公司合作的项目最终成果均实现了商业化，而那些没有和企业合作的项目，多摩美术大学也尽可能地通过自办或参加展览、参加会议的形式向外界推广，谋求影响力与商业化的可能。对于设计专业的在校学生而言，在读期间如果能够有作品量产上市，能够极大地提升自信心，有助于其在该领域未来的学习、工作道路上越走越远。通过展览展出自己的设计作品，也十分有利于学生提升自身沟通能力、营销能力。

三、艺术设计专业"项目驱动式"创新创业教学模式建构

(一)"项目驱动式"创新创业课程模式建构的原则

以行动为导向的课程模式重构应该是艺术设计专业课程项目化改革的重点，也是项目化改革是否成功的显著标志之一。以行动为导向采用项目驱动的方法解决了课程中学习手段和学习方法的两个问题。学习手段是学习过程中的重要一环，以行动为导向，也就是说，通过项目的训练实践达到提高学习技能和职业素质目的。行动需要任务完成的先后顺序，需要严密的逻辑关系才能进行，如果单纯地靠一个个任务摆在那里就成了任务型课程，不具有定位的专业性和实践过程的逻辑性。学习方法是课程教学中经常提到的一个问题。经常会问到学习某某科目使用了什么样的学习方法，是怎样实施的，效果如何等问题。实际上以行动为导向，项目驱动模式的教学就是一种学习方法。它是按照事物本身存在的逻辑关系去分析完成的，根据其中内在的逻辑关系梳理出合适的方法与手段。如果失去了以行动为导向的指引就逐渐地沦为了学科课程或者工作任务型课程。

职业能力的转变也是艺术设计专业课程项目化的一个突出特点之一。单纯地追求提高职业能力远远达不到我们课程改革的目的。课程的项目化改革需要新的职业能力。这种职业能力应该包括学习能力、职业道德素养、团队合作能力、表达设计能力、分析解决问题的方法等各个方面。职业能力变复杂了，变得更加适合岗位的要求，并且逐渐提升个人的发展水平。

职业素质的培养是一个潜移默化的过程，它实实在在地存在于每一个学生的职业生涯中。如何将这部分内容知识化、系统化同时又能够把它应用到教育教学过程当中，在很长的一段时间里都没有找到合适的出路。课程的项目化改革使得职业素质等的职业能力迅速地被体现出来，并在教学过程中充分地体现出来。

艺术设计专业根据"技能+项目"的人才培养模式，采用项目课程开发原理与方法，根据艺术设计类专业的目标定位，通过对设计行业及其相关行业的职业能力分析，从职业范围、创新创业能力要求入手，构建以项目带动、项目驱动、工学结合的特色创新创业课程体系，完善艺术设计类专业人才培养方案，系统地设计艺术设计专业的基本素质课程体系和创新创业课程体系，一方面强化学生的设

计表现和制作技能，另一方面加强学生的思想政治素质、身心素质、职业可持续发展能力等综合素质的培养。

(二)"项目驱动式"创新创业实践教学设计

由于我国传统的思想、文化、教育模式以及社会环境与国外大相径庭，尤其在教学模式上，我国比较推崇"遵从"模式，国外则比较倾向于"自由"模式。因此，完全照搬国外的实践教学模式，一方面不符合我国的国情，另一方面也不利于我国设计教育的转型与发展。即使引入项目驱动式教学，也应该根据我国的实际情况进行调整与改良。

项目驱动式创新创业教学是一种依托企业实际项目，由企业发派任务，教师组织与指导，学生"干中学"的教学模式。项目驱动式创新创业教学不再局限于"艺术设计专业"单项技能的培养，而是将重点聚焦于对学生综合能力的塑造，以及创新能力的培养。由此可见，开展项目驱动式教学有着较高的门槛，它不仅要求教师需具备丰富的实践经验和项目管理能力，还需要学生具备扎实的设计基本功。因此，项目驱动式创新创业教学特别适合在具备一定设计基础的高年级学生中展开。

由于我国经济发展的不平衡，加之社会对于设计的认知仍然有待提高，企业对于设计的需求还有待进一步开发。因此，并非所有开设"艺术设计专业"的高校都能够顺利地进行项目驱动式教学。那些具备一定实力且位于东部与东南部沿海经济较发达、设计需求旺盛地区的艺术设计专业，可以根据自身实际的办学需要，有所选择性地与企业开展设计项目的合作。对于中部经济欠发达、制造业基础薄弱地区的艺术设计专业，应尽可能地寻求当地企业与政府的支持，尽可能多地创造校企合作的可能。而那些位于西部经济落后、设计需求孱弱地区的艺术设计专业，则需要主动出击，通过提供一定的便利条件吸引外地企业前来合作，或是将教室"移动"到企业所在地，进行驻厂式教学。

与设计公司联手开展"项目驱动式"创新创业教学，有以下几点优势：首先，设计公司的设计师长期奋战在设计一线，他们了解市场行情，了解用户，了解材料与制造工艺，了解设计的流行趋势；其次，设计公司的设计师普遍充满激情，且年龄普遍较年轻，对学生而言，更加容易沟通；最后也是最关键的一点，即是设计公司与一般的制造型企业相比,其设计的产品涉猎范围较广,不拘泥于某一品类,这可以在一定程度上满足学生对于不同艺术设计类别的需求,也可以延续项目驱动式教学的生命力。目前,已经有相关院校与设计公司开展了类似的合作,北京城市学院与北京某设计公司合作的工业设计订单班就是很好的一个例子。这是一种以企业为主,学校为辅,按照企业对人才的实际需求,由优秀企业家、资深设计师及学校共同为学生量身定制与实战相结合的教学方式,使学生在实际项目的运作过程中,完成知识的学习和积累的全新培养模式。

除了与企业进行合作,开展以实际项目为依托的项目驱动式教学外,设计院校还应积极开展虚拟项目驱动式教学。虚拟项目驱动式教学是一种模拟实战的教学方法,以学生综合能力的提升与知识创新为根本目的,它要求教师将实战的情境带入教学过程,用实际项目的验收标准来要求学生的设计成果。虚拟项目驱动式教学可以安排在校企合作之前,起到演习与"备战"的作用。也可以与实际项目交叉进行,起到一定的调节作用。因为并非所有学生都对校企合作的课题感兴趣,就像大多数女生对交通工具设计不感兴趣,大多数男生对日用杂具设计不屑一顾一样,校企合作的课题总是无法满足所有学生的胃口。因此,需要通过部分虚拟的课题(项目)来满足部分同学的学习需求。

项目驱动式教学的具体展开过程,可以分为准备阶段、调研阶段、设计阶段、验收阶段四个阶段。在准备阶段,教师一方面要与企业就项目进行全方位的沟通,明确设计目标,确立验收标准,同时整合各方资源。另一方面,需要对班级内的学生进行合理的分组,建立多个工作团队。在学生小组内部,可以根据学生的意愿与实际能力,按照市场化原则设立相应的岗位,如设计总监、设计师、市场调研员、文案师、工程师,等等。根据实际案例进行模拟作业,使大家学会岗位分配、生产组织、市场营销,角色转换、交流配合,形成战斗团体。在调研阶段,应充分发挥团队优势,针对设计目标开展实地与网络相结合的调研工作。特别是针对目标用户群体的调研,调研结果应力求反映用户的真实需求。

设计阶段是项目驱动式教学的难点与重点,可以充分借鉴设计公司较专业的设计流程与设计方法,并根据具体的时间要求及学生实际能力进行相应的调整。产品的设计是一个层层推进、由浅入深、由抽象到具体、由量变到质变的过程。在此阶段，设计团队应保持与企业的良好沟通，随时修正设计过程中出现的种种问题，保持设计方向与企业预期结果的一致性。验收阶段也是项目驱动式教学的总结阶段，在该阶段应该就本次项目驱动式教学的成败得失进行客观全面的总结。对于成果突出的小组应进行必要的表扬与奖励；对于成果不甚理想的小组则应给予必要的关心与鼓励，并帮助他们总结经验教训。相对于校企合作的实际设计项目而言，虚拟项目驱动式教学的开展更艰难，要维持上述四阶段的执行力度，需要教师本人全情投入的同时，对学生团队施加必要的压力，保持团队的工作热情，持续调动团队的学习积极性。另外，虚拟项目驱动式教学周期也不宜过长，以避免"设计疲劳"对学生设计知识的吸收与创新所带来的负面影响。

(三)"项目驱动式"创新创业实践师资配置

开展项目驱动式教学的关键性因素之一在于具备能够开展项目驱动式教学的师资。此类师资应具备丰富的实践经验，熟知商业设计的基本流程与方法，此外还需要掌握一定的沟通与管理技巧。

目前国内开设艺术设计专业的院校中，仅有为数不多的教师能够满足上述要求。因此，如何借用外部资源充实高校的师资队伍显得尤为关键。特别是对于艺术设计师资匮乏的高等院校而言，外部师资显得尤为重要，此类教学单位应打破常规的用人方式，采用外聘的形式聘请在职设计师承担授课任务，特别是在进行校企合作时，更应该邀请职业设计师的加盟。与此同时，此类院校还应定期派出专业教师进入设计公司或企业设计部门进行"实习"，提升教师的实战能力。对于具备一定师资力量的设计院校而言，外部师资仍然重要，聘请职业设计师承担部分教学任务可以为设计院校带来业界最新动态与资讯，开阔师生的眼界，同时加强学校与社会之间的交流。对于师资力量雄厚的院校而言，对外部师资的建设也不容忽视，可以通过聘请相关职业设计师担任教学顾问的形式吸纳外部教学资源，也可以通过成立设计研发中心、工作站的形式吸纳优质师资。有条件的高等院校，可以建立一种动态的外聘教师流动机制，根据教学能力竞争上岗或交替轮岗，尽可能地保持外聘教师团队的活力。对于没有条件的院校，可与外聘教师建立长期的合作关系，尽可能地为其创造良好的教学条件。但需注意的是，院校应与外聘教师时刻保持良好沟通，避免教学方向偏离既定的方针路线。总而言之，无论是哪种办学层次、何种实力的设计院校，均需秉承"开门办学"的理念，加强社会交流，吸纳社会资源，方能从容地应对各种挑战。

如果高校可以打破固有的用人制度，形成灵活全面的竞争上岗机制，那么，从社会吸纳的外部师资，除了可以辅助设计院校开展项目驱动式教学外，还能在院校内部形成一种良性的竞争氛围。试想，如果所有的教师都需要竞争上岗、绩效考核，这必将有效地促进高校内部教师队伍的建设，提升教学质量。

2015 年 3 月 13 日，中共中央、国务院通过《中共中央、国务院关于深化体制机制改革加快实施创新驱动发展战略的若干意见》。该意见明确指出了要"创新培养、用好和吸引人才机制"：着力提高本科教育质量，加快部分普通本科高等学校向应用技术型高等学校转型，开展校企联合招生、联合培养试点，拓展校企合作育人的途径与方式；允许高等学校和科研院所设立一定比例的流动岗位，吸引有创新实践经验的企业家和企业科技人才兼职。该意见的出台，无疑为校企合作指明了方向，扫清了障碍，将大大提升校企合作的力度与深度。未来我们有理由相信，基于项目驱动的教学模式，在我国的设计教育领域必将掀起一股风潮。

(四)"项目驱动式"创新创业教学模式下的师生角色

1. 从"知识传递"到"学习促进"——教师角色的转变

建构主义学习理论认为"学习者通过调和外部世界输入的信息，通过积极的建构知识来确定将要获取何种知识。学习是积极的脑力劳动，而不是被动接受的教学"。在此理论指导下，建构主义的教学观强调教师角色的转变，强调教师应该是学习的"促进者"，而不是知识的"传递者"。

这一重要变化要求"促进者"需要掌握一套与传统教师(说教者)完全不同的教学技能。这种不同在于："说教者"靠说，"促进者"靠问；"说教者"在前面授课，"促进者"在背后支持；"说教者"根据课程设置提供答案，"促进者"提供学习指南和建立学习者获取结论(答案)的环境；"说教者"喜好独角戏，"促进者"善于持续与学习者进行对话。

艺术设计专业是一门复合型交叉学科，艺术设计专业涵盖多个学科领域内的知识。其学生的知识结构呈现出一种多元化复合型特征，如前所述，其知识结构主要由"社会构成""设计艺术构成"与"设计技术构成"三个部分组成。作为艺术设计专业教师，如何有效促进学习者上述知识的更新迭代，需要积极扮演好知识"促进者"的角色。重要的是调动学习者的学习积极性，开展积极且有意义的学习活动。

在课堂教学中，教师可以首先反问学生"学习该门设计课程"的原因与意义，让其反思学习这门课程的价值。与此同时，可以让学生订立该门课程的学习计划与学习目标，并组建带有互补特征的学习小组。无论是学习计划的订立，还是学习小组的组建，作为扮演学习促进者角色的教师而言，其主要工作在于提供有价值的参考意见，而不是给出明确的答案。

为了帮助学生实现自我知识的创新，学习环境的营造十分重要。这种营造不仅限于客观，主观上的情境带入更加重要。如前文所述，"PBL"教学法，对于学习情境的营造十分有利，该教学法以"项目"为载体，结合了"以问题为导向的学习（POL）"与"基于案例的学习（CBL）"的教学方法，让学习者在"项目"中寻求解决问题的方法。教师的作用在于，需要根据该门课程的特征，结合学生的知识背景，选择合适的"项目"注入其中，通过"项目"将学生带入贴近现实的学习情境。

此外，在艺术设计相关课程的具体教学过程中，教师除了必要的教学示范，更多地需要参与各个学生小组的讨论与学习中，与学生保持良好的沟通。这种沟通首先始于观察，应该给予学生足够的自主学习空间，不应该急于发号施令；若学生在学习过程中遇到了问题，应该鼓励他们通过自身的努力寻求解决问题的方法；当学生通过努力，无法解决相关问题时，教师应该给予建设性意见，或给予适度的提示，而不是直接给出问题的最终答案。

总而言之，在"创新创业+项目递进式"教学模式下，教师的主要角色是知识的促进者而非知识的灌输者，需要灵活应用建构主义学习理论相关的教学方法，如"支架式"教学、"抛锚式"教学、"平等互动式"教学法，帮助学生找到适合自己的学习方法，养成良好的学习习惯，促进其知识螺旋的更新与迭代。

2. 从"被动学习"到"主动创造"——学生知识获取策略的转变

建构主义者认为，学习不是被动地吸收信息，而是主动地建构信息的意义，知识的获取无法由他人代替。因此，学习并不是由教师向学生传递信息，而是学生对信息进行加工，赋予其意义。学习的本质就是个体建构知识意义的过程。作为建构主义学习理论支撑下的教学模式,艺术设计专业"创新创业+项目递进式"教学模式强调积极的学习,学生应该从被动的知识接受者,转变为知识的主动创造者。在具体的设计教学活动中。作为学习的主体,如何调动学习积极性,如何组建理想的学习团队,对于个体(学生)的知识创造尤为重要。

如何有效地调动个体学习的积极性,形成积极学习的心态?"首先要明确学习的目的,学生应该将学习活动与个人自身发展相结合,使学习活动更具目的性。二是要学会反思,反思所学知识的意义。三是要掌握谈判技巧,与教师沟通学习目标与学习方法。四是要学会批判,学会鉴别不同的学习内容与学习方法。五是要理解学习的复杂性,学会将学习任务与现实生活中存在的复杂性问题进行比较,并进行反思分析。六是要利用学习的情境,根据情境的需要,建立学习任务。最后是积极地参与团队学习中,在竞争中学习。"学习团队强调团队合作,团队合作已经被证明能够有效地解决问题,可以形成良性的竞争氛围,可以促进团队成员之间的关系。在学习团队中,每个团队成员都能提供自己独特的知识和能力来帮助提升其他团队成员的知识水平。通过团队合作,这些品质的共享将使团队成员在未来的学习中更富有成效。此外,团队合作可能有一种"意想不到的影响——使团队实现完全自助管理",这种自助管理可以有效地提升团队成员的协作能力,也使得团队成员的学习行为更加自律。这些积极的因素都能够促进团队成员的学习积极性,使团队成员处于一种积极的学习氛围之中,保持良好的学习状态。

艺术设计专业的学科特性以及艺术设计专业学生的知识结构特点,决定了该专业学生需要通过团队协作与系统思维解决复杂问题。积极的学习态度,可以增加学生面对困难的自信心,对塑造学生坚韧不拔的意志品质亦有帮助。

(五)"项目驱动式"创新创业教学模式下的课程内容建设

以知识创新为导向的教学关键在于保持专业课程与创新创业课程内容之间的连续性,拒绝学生知识的碎片化,形成一种能够产生知识递进效果的教学模式。通过课程结构的设计,促进艺术设计核心知识的螺旋升腾。

创建"项目驱动式"创新创业教学模式的目的是促进个体知识螺旋的创新。而个体知识螺旋的创新,离不开自组织团队的建设以及知识共享平台的创建。对于

"艺术设计专业"而言，项目驱动式教学模式的引入，更加有利于知识螺旋的创新与迭代。

1. 建设自组织学习团队

无论是在教师层面还是学生层面，营造个体自主行动的有效手段是建立自组织团队。这种自组织团队可以是"师师"组合，或是"生生"组合，也可以是由师生组合而成。例如，在教师层面，可以成立教研小组，通过沙龙的形式展开学术交流活动，交流教学经验，分享心得体会；也可以成立项目承接团队，以工作室为载体，开展设计服务活动，创造社会价值；或是成立教改小组，为学科建设、教育教学改革献言献策、提供智力支持。在学生层面，可以成立各种各样的学习小组，这种学习小组可以是为完成某一课程作业而成立的课业小组，也可以是为完成某项设计竞赛而成立的竞赛小组。学生之间也可以成立某种社团组织，开展社团活动；或是成立设计工作室，尝试为社会提供商业设计服务。自组织团队也可以由师生共同组成，例如可以成立由教师为主，学生为辅的设计工作室，开展商业设计活动；也可以成立竞赛小组，为参加某一设计竞赛而共同努力；还可以成立某种学术交流组织，定期举行学术交流活动。

值得注意的是，无论是"师师"自组织团队、"生生"自组织团队，还是"师生"自组织团队，在团队组织成员构成上，应该充分考虑个体知识之间的互补性，积极吸纳跨学科、跨专业成员进入组织，以提高组织竞争力以及面对各种困难的适应能力。例如教师层面的教研学术沙龙组织，不同学科、不同专业背景的教师可以分享各自教学或科研领域的教学理念与科研方法，作为一门边缘型交叉性学科，"艺术设计专业"的学科建设与科研活动可以充分吸收其他专业如心理学、社会学、生物学、工学等学科的教研经验，提高教研效率。又如学生层面的竞赛小组，不同年级、不同专业、不同学科背景的学生可以从不同的角度思考设计竞赛的内容，亦可以从不同的角度提出解决问题的方法，最终在不断地讨论与思维碰撞中寻找到一种较为综合的解决方法，完成设计方案。

就"项目驱动式"创新创业教学模式的创建而言，应积极围绕学科建设促进自组织团队的建立，形成教师层面的教研自组织团队，学生层面的学习自组织团队，师生合作的学术交流自组织团队。特别是跨学科、跨专业、跨年级自组织团队的成立，可以通过保持自组织团队活跃度促进不同学科、不同专业、不同年级知识在个体之间的渗透，增强不同课程教学之间的黏附力。

2. 创建知识共享平台

组织内成员可以通过利用各种信息联结方式，迅速地对信息进行综合化处理。为了能够让组织内部所有成员平等地获取相关必要信息，同时也为了增加冗余信息出现的概率，需要在组织内部建立信息共享平台。

就"艺术设计专业"而言，应建立线上、线下一体化的知识分享平台。在线上，应充分利用互联网的强大功能，建立一个包容、开放的知识共享平台，允许不同专业、不同背景、不同学科的组织成员在这里分享知识、交流经验。在线下，应充分利用图书馆、博物馆、教室、广场等相关公共资源，为组织成员提供必要的知识分享与交流的空间。特别是互联网技术高度发达的今天，组织内成员应充分利用社交网站、社交 App"随时互联"的特点，随时随地分享自己的所见所闻，形成一种自发性的个体间暗默知识的共享，促进组织内部掌握必要多样性法则，最终激发艺术设计新知识的创造。

在"项目驱动式"创新创业教学模式中，知识共享平台的建立，可以促进创新创业课程之间的衔接力度。因为担任不同年级课程的教师可以在此分享自己的教学心得，展示课程成果，听取其他教师或学生们的意见与建议。不同年级的学生亦可在此分享自己的学习经验，展示自己的学习成果，或是提出自己在学习方面的疑惑等待别人的解答。师生之间亦可在此交换意见，吐露心声。总而言之，通过知识共享平台，可以极大地丰富师生的知识面，增加新旧知识之间的连续性。低年级同学可以在此了解到未来所学知识的内容，从而做好准备工作；高年级同学可以在此了解到同学彼此或班级之间所学知识的差异性，从而形成互相学习的良好氛围；教师之间可以在此分享教学经验，了解彼此之间的教学进度及教学方式方法上的差异性，从而提升自己的教学能力；师生之间可以在此架起沟通彼此的桥梁，倾听彼此的心声，促进教学相长。

3. "项目驱动式"学习的引入：在实践中学习与创造

爱因斯坦认为"兴趣是最好的老师"。以实际项目为载体的项目驱动式教学，目前受到艺术设计类专业学子的广泛欢迎，可以说是对此兴趣盎然。以递进的形式开展项目驱动式教学，或是在有着递进关系的课程模块中加入实战课题项目的成分，皆能进一步激发学生的学习热情，促进学生艺术设计知识的创新。

项目驱动式教学与递进型课程培养模式相结合，对于"艺术设计专业"教学而言，是机遇也是挑战。如果能够将一个项目根据其进度拆分成若干个任务模块，并将这些模块置入不同的教学阶段；或是将若干个具有递进关系的项目与递进型课程培养模式整合在一起，这种教学模式势必将极大地增强学生的学习积极性，形成系统的、完整的艺术设计知识体系。

第二节 "创意市集"创新创业实践教学模式

一、"创意市集"的由来及发展现状

"创意市集"一词，最早出现在留学华人王怡颖的《创意市集——伦敦市集16位艺术家、设计师访谈录》一书中。2006年，《城市画报》在中国广州举办了第一届创意市集聚会，从此，这项活动像一股神奇的飓风，在设计师和年轻人中间迅速刮了起来，成为许多草根设计师和原创设计师的展示平台。

在过去的几年内，创意市集以惊人的速度走红于新兴产业，举办"创意市集"迎合了国内大力发展文化创意产业的趋势，也促进了有中国特色的设计舞台的形成。一大批富有创意的年轻人直接把他们的设计作品跟与之有共同"语言"的人群面对面地沟通，而"创意市集"所倡导的就是这种人人都可以成为创作人的理念。这项活动发展到今天，已经成为最新鲜的设计发布会和最直接的设计交流会。

新时代下，艺术设计专业正在进行新一轮的创新创业课程整合改革。"创意市集"的兴起使这项教学改革提供了新的契机，针对高等院校创新创业实践教学的特点和年轻学生善于创新思考的优势，将"创意市集"课程引入创新创业实践教学环节，是有实际突破和创新意义的尝试。

二、"创意市集"创新创业课程的目的

"创意市集"创新创业课程是以培养学生创新能力和实际操作能力为目的的实训课程。"创意市集"创新创业课程设计的目标主要有以下三个方面：

1. 提高学生的综合能力

高等院校艺术设计专业创新创业课程的办学目标是：以市场为目标，以就业

为导向，培养既掌握专业理论知识又具有实际操作能力的应用型艺术设计人才。该理念明确了高等院校艺术设计专业创新创业教学必须提高学生的综合能力，"创意市集"创新创业课程的开设是达到这一目标的有效途径。"创意市集"创新创业课程的任务既是开放性又是综合性的，学生在完成一项设计任务的过程中，将涉及从设计理念到审美变迁，从技术参数到生产工艺，从原材料的选择到后期的包装，从个人的风格到市场的需求等各方面的知识，这些都为学生综合能力的提高打下了基础。与此同时，学生在项目开发的过程中，通过几个人的分工合作，增强了市场意识，锻炼了团队协作能力。

2. 培养学生的职业能力

良好的职业能力是学生进入社会、走上工作岗位的基本要求。近年来，就业压力不断增大，就业形势日益严峻，高等院校必须以就业为导向培养学生的职业能力，从而提高学生的就业率，这不但有利于本身的生存和发展，也满足了社会和市场的需求。在"创意市集"创新创业课程中，学生在接到课题任务的同时，就必须把自己定位成一名设计师。在提出方案和完成方案的整个过程中，学生以第一人的姿态主动对待问题，分析和解决问题，这也使他们提前进入了职业设计师的状态，从而更明确自身的职业理想，更准确地为自己作好职业规划。

3. 完善专业培养目标

高等院校艺术设计专业的培养目标为：培养具有艺术设计的基本知识和基本技能，能在各类艺术设计部门、出版部门工作的应用型专门人才。"创意市集"创新创业课程的设置不但符合该培养目标的实施，而且为高等院校艺术设计专业毕业生提供了一条新的出路：自创品牌，自主创业。学生通过一系列"创意市集"创新创业课程的学习，不但能提高专业素养，学到专业设计技能，还能通过学习一整套"创意市集"产品的设计加工制作，将来用作谋生创业的手段。

三、"创意市集"创新创业课程的教学原则

"创意市集"创新创业课程遵循以实践为导向的教学原则，从根本上区别于其他普通高校艺术设计类课程的学术性导向。其教学原则主要体现在课程作业安排上，具体来讲，主要有以下两个方面：

1. 真实可行性原则

"创意市集"创新创业课程的作业与一般设计类课程的作业所不同是其真实性。学生提出的方案最后必须以实物形式提交，而不是一份计划书或设计稿。这也要求学生有更多的实践经验和更优秀的操作能力，当然，这种能力不是一开始就能具备的，学生将在课程中实际训练，不断提高自身的各项综合能力。在以往的课程中，学生更多的是注重作品独特的创意和形式的表现，而忽略了他们的实现过程，比如有些材料是否适合包装，适合包装的材料又应该使用哪种包装工艺，仅仅是纸张这一种材料，就存在种类、品质、克数等许多差别，从而影响着产品包装的创新创业；又比如有些图形是否适合指定的印刷工艺，从成本上考虑，丝网印刷是最适合数量在 20 件以上的图形印刷的，但在我们现有的硬件设备和技术能力范围内，只有线描式或平涂式的图案才能使用这种工艺。在"创意市集"创新创业课程中，学生就必须在设计之初就考虑到这些实际问题，甚至要根据时间、资金等因素调整自己的设计方案。

2. 多样性和综合性原则

"创意市集"创新创业课程的作业不仅仅局限在某一学科的实践上，而是根据每位学生不同的设计方案，有不同的实施结果。在同一个课题中，可能每个设计小组的最后成品都各不相同。学生可以根据设计方案的特点和自身的兴趣，选择其作业的实物形式。比如，色彩分布比较复杂、灰度层次比较多的图形，可以制作成贴纸、记事本等；相对简单的图形，则可以用丝网印刷的方式制作成 T 恤。同时，一个设计方案也可以由多种实物载体来实现。学生在制作"创意市集"产品时往往会出现一种连锁反应：当一位同学做出一件漂亮的实物时，其他同学也会争相模仿，用自己设计的图形做成该实物形式，如徽章、T 恤设计等。所以，通常每个设计小组最终都会产出一系列的设计产品。

四、"创意市集"创新创业课程的创新内容

"创意市集"创新创业课程是新的尝试，其突破性的创新在于以下几个方面：

1. 课程以任务实践为主线，而不是以理论为主导

"创意市集"创新创业课程的任务实践过程是一个不断解决实际问题的过程，也是学生在未来就业上岗的演习。在现实的设计任务里，理论不再是苍白的概

念，而是解决问题、通向成功所需的钥匙，从而自然而然地引起学生的兴趣，学生在不知不觉中消化了那些本来枯燥难懂的名词和概念。例如，在书籍装帧设计课程中，以往的教学模式下，学生很少能真正理解"锁线胶装"和"无线胶装"的区别，认为只是形式的不同。在实际操作之后，学生能真正体会到，针对不同的纸张、开本和书籍厚度以及页数有无严格规定方面，这两种装订方式在应用上的本质不同。

2. 以具体任务来确定课程内容，而不是以学科分类确定

传统的艺术设计实践教学课程按照专业科目来划分。以视觉传达设计为例，其实践课程一般分为：包装设计实训、书籍装帧设计实训、广告设计与制作实训、计算机辅助设计综合实训等。"创意市集"创新创业课程实际上综合了所有该专业科目的实训课程，在提出一个课题之后，学生可以根据自己的兴趣和特长来选择实践方向，也可以在设计团队中进行分工，团队成员各自承担设计任务，协作完成一个项目。比如在品牌推广实训课中，分工后的各小组成员可各自设计具有自己风格的标志或图案，定稿后根据各方案的色彩组成和图形样式决定是用丝网印刷或热转印或打印还是手工制作等不同手段来实现，根据这些不同的实现手段在决定其载体是哪种材料，最后综合考虑其产品形式。这样做的好处是：学生在小组设计团队里既必须完成自己的设计任务，又要帮助其他成员完成最终的成品，既同时复习了好几门课程，又能够把它们串联起来做成实物，既提高了自己的综合能力，又培养了团队协作的意识。

3. 学生以设计师的姿态主动学习，而不是被动地接受教育

在以往的教学模式中，教师是教学的主体，学生是受教育的对象，教师往往无法了解学生对知识点的掌握程度，学生在听课过程中遇到的问题也无法及时得到解决。"创意市集"创新创业课程就是让学生成为教学的主体，全面主动地把握设计的全过程。教师在这里扮演的是顾问的角色，帮助这些准设计师杜绝或解决在实践中将要出现和已经出现的问题。如前所述，"创意市集"创新创业课程综合了好几门专业科目内容，教师在教学过程中不可能面面俱到地把所有可能出现的问题都讲到，只能讲授每个创新创业的设计产品的制作流程。学生必须主动结合以往的学习内容，发现问题，研究问题，解决问题，遇到解决不了的问题再请教老师。这种主动的学习方法也正是一名合格的大学生所应该具备的素质。

4. 学习成果以产品形式来评价，而不是以书面形式提交

传统的艺术设计实践类课程形式往往是这样一幅场景：学生坐在机房，对着闪动的显示屏移动鼠标或敲打键盘，教师则穿梭其中，忙于解决各种各样的软件问题。课程结束后，学生提交设计电子稿，或者将其送到文印店打印编订成册。"创意市集"创新创业课程要求学生不仅仅懂设计，了解设计的基本原理和方法，还要亲手将设计作品在实验室制作出来，这也是其设计可行性的验证过程。通过这样一个过程，学生经常能够发现一些以前他们并不在意的细节，最后往往成为设计失败的罪魁祸首。比如白色和留白的区别，在设计过程中，这似乎不成为一个问题，但在实际制作过程中，因为白色油墨的缺省，很多应该填上白色的区域被材料的底色所替代，成为设计中的败笔。再如丝网印刷中套色的印刷顺序问题，深浅色的顺序一旦排错，就可能导致整个设计的全盘失败。因此，让学生将设计作品制作成实物提交，能最大限度地帮助他们全面学习设计理论，养成良好的设计习惯。

五、"创意市集"创新创业课程的应用分析

本节将以视觉传达设计专业的创新创业设计实践环节为例，分析"创意市集"创新创业课程的应用。

1. 培养创意思维——以课堂教学为例

中国是一个制造业大国，同时，我国也是全世界发达国家的劳动力基地，"中国制造"甚至一度成为劣质品的代名词。2006 年，国家提出建立"创新型国家"的新理念，也是这一年，"创意市集"开始红遍全国各主要城市，在这种形势下，许多文化创意产业的工作者倡导，要将"中国制造"改造成"中国创造"。而中国的艺术设计教育，也顺应这种发展进入了创意主导阶段。艺术设计贵在原创，"创意市集"创新创业课程把培养创意思维放在首位。

以课堂教学为例，在具体的实践课程中，涉及"创意市集"创新创业课程的有：图形创意、书籍装帧设计、印刷工艺、插图技法、漫画技法等，在"创意市集"产品中，多数以图形设计为表现形式，因此，首先我们以图形创意这门课程来讨论。

图形创意课程一般为 64 课时，分手绘和计算机制作两个阶段，在视觉传达

设计专业的第三学期进行。该课程的前期先修课程为造型基础、色彩基础、二维设计基础、计算机辅助设计软件等。由于该课程一般是首次涉及"创意市集"这个新概念，许多同学还有些不适应，制作的图形不完全符合"创意市集"产品的需要，所以部分有条件的同学只是进行简单的"创意市集"产品制作，课程的主要目的还是以创意思维的开发为主。

图形创意是视觉传达设计中一种非常有效的方法，本课程是探讨如何运用图形设计能力表达艺术思维，并完成新颖、具有强烈的视觉效果和深刻内涵的图形。通过相关的学习和实践，使学生掌握以下的能力：

（1）了解图形的意义，熟悉图形信息的功能、图形的特点。

（2）通过想象的方法，启发学生的思维，引导学生建立"图形""创意"的观念。

（3）通过联想的方法，训练学生有意识地捕捉生活中的视觉形象，并创造新的视觉形象。

（4）通过象征方法，培养学生对创意内涵的发掘。

（5）通过表现和处理方法，培养学生的形式美感，增强创意的表现力。

（6）大量的作业练习，使手、眼、脑三位一体。

在该课程中，采用理论讲授与实际练习相结合、名作赏析与历届学生优秀作品讲评相结合、集体讲评与个体辅导相结合的方法进行教学。比如著名设计师陈幼坚，他的许多设计作品极富创意，既是图形创意课程的绝佳范作，也非常适合在"创意市集"产品中应用。与此同时，带领同学们走出课堂，参观创意产业园区，走进创意产品实体店，让大家对课程作业及课程目的有更深刻更直观的理解。

在具体的创新创业教学中，还需要将该课程安排部分作业与"创意市集"相联系。如第一次作业：图文想象，用图形结合自己的中文名字，通过联想的方式，用画面图形描述出自己的特点。教师先介绍图形的分类和表现技法，启发学生在自己的爱好和特征上进行图形的想象，作品以名片或明信片形式提交。再如期末综合作业：以《绿色未来》为主题的图形设计。教师总结之前的作业，整理优秀范例作品，让学生自己来介绍和评价，教师引出课题，提出作品的载体范围：环保包或 T 恤，介绍载体介质的特点和局限性，以及相适应的印刷工艺。学生除了设计出图形之外，还要将图形印制在这两种载体上，甚至可以为自己的"创意产品"制作包装。

学生在 64 课时的图形创意课中，不仅仅训练了图形的创意思维和造型方法，也初步了解了"创意市集"的概念和产品范围，了解了自己的专业课程和将来的就业方向到底有什么样的联系。虽然学生的"创意市集"产品作为第一次尝试显得还有些幼稚和粗糙，但是设计师往往就是在这些不成熟的作品中开始起步的。当他们看到自己的设计被制作成成品的那一刻，他们眼中的欣喜和成就感使我们相信，只要他们有创造力，有脚踏实地的精神，他们的设计理想终会实现。

2. 训练动手能力——以创新创业课堂实践为例

课堂教学作为绝大多数设计院校采用的教学方式，能集中一个时间段对学生进行有效的理论知识和表现技法方面的训练，但对于创意思维和实践能力如何相结合，实际上往往无法在课堂上得到完整的训练和提高。创新创业课堂是高等院校艺术设计专业所开设的一门课外兴趣活动课程，开设创新创业课堂的主要目的在于，在完成既定的教学计划之外，结合学生自身特长和兴趣爱好，增强动手实践的能力，让所学专业知识实实在在地表现在设计与创作中，为将来学生的就业和自主创业打下基础。

创新创业课堂相对其他课程来讲，时间比较分散和自由，学生可以利用课余时间到工作室进行制作。该课程着重动手能力的加强，学生可以将平时积累的设计作品在这里制作成实物。与"创意市集"创新创业课程有关的创新创业课堂有：T 恤丝网印刷和原创品牌设计与推广。T 恤作为"创意市集"上的主打产品，在该市场消费份额中占有很大的比例。对在校学生来说，T 恤几乎是他们日常生活中的必需品，而能穿上自己设计印刷的 T 恤，更是令人兴奋的事。T 恤丝网印刷课程自创新创业课堂开设以来一直非常受学生欢迎，报名的人数一定会超过工作室最高人数的限制，甚至需要每个学期要在不同的时间段开好几个班才能满足学生的要求。

T 恤丝网印刷课一般安排 32 学时。电脑图形制作及输出 2 课时；丝网印刷原理和过程介绍 2 课时；图形准备 8 课时；绷网 4 课时；晒板及显影 8 课时；印刷 8 课时。教学目的在于让学生了解丝网印刷原理，能独立制作丝网印刷作品。在该课程中，学生遇到的困难主要在技术层面，丝网印刷的技术要求和环境条件非常高，而且环环相扣，有一个环节出错就会导致整个过程前功尽弃，必须全部重新来过。因此，对学生操作过程的严格管理显得十分重要，必须要求学生完全严格按照规程来操作，还要有一定的牺牲精神和团队合作精神，而这也是学生步入社会走进职场后，用人单位最看重的一点。最后的作业是 T 恤或卫衣的图案印刷，有条件的同学可以另外制作标牌和包装。学生可以将自己的"作品"拿到"创意市集"上销售，也可以在校内组织一个小型的"创意市集"，检验自己的设计成果在市场上的受欢迎程度。

3. 提升综合素质——以毕业设计实践为例

毕业设计实践是教学计划中的最后一个教学环节，一方面是检验学生四年学习的成果，另一方面也是让学生进一步深入了解当下设计行业的信息，是高等院校四年教学环节中的关键一环。

以往的毕业设计课题往往分成两种创新创业课程类型：创意型课题和市场型课题。创意型课题通常由教师或学生自己虚拟一个主题，针对这个主题做一些带有探索性和实验性的设计。市场型课题则依据企业委托的实际设计项目，学生利用所学的专业知识对该项目进行设计，设计成果通常带有商业性色彩。这两种创新创业都是毕业设计中的重要操作形式，但也存在某些弊端，如割裂了两者的联系，造成学院派教学模式与市场运作下设计需要的断层。

"创意市集"创新创业的毕业设计课题弥补了这一缺陷，把创意和市场结合起来，学生在设计制作的过程中可以尽可能地发挥想象，利用一切手段来实现它，最后在"创意市集"上销售。这种带有手工痕迹的"限量版"产品往往在销售中能够出奇制胜，受到许多年轻人的青睐。

与"创意市集"创新创业课程有关的毕业设计课题有：日历设计、个人品牌设计与推广、个性书籍装帧设计等。因为"创意市集"产品的形式多种多样，不拘一格，所以学生在接到课题时没必要先考虑材料和载体，可以完全放开发挥其想象力和创造力。如日历设计，通常在我们的固有认识中，日历像画册一样，过完一个单元就翻过一页，但是学生把它设计成一个可以打开的立方体，外部的六个面和内部的六个面加起来刚好和 12 月这个数字相吻合，形成了很好的创意方案。再如个人品牌推广，提到品牌推广，大家都会想到 VI 中的标准组合、名片、信封等。对于企业来讲，对外宣传必须有一定的规范标准，这些都是这套标准中必不可少的东西。但对于个人来说，这些标准就可有可无了——个人品牌的定位既可以模仿大企业，做出完整的 VI 规范，也可以完全自由地设计有个人风格的视觉形象系列。一旦品牌名称定下之后，学生可以用不同风格的表现技法来制作 LOGO，多方位、多形态地实现自我定位。

4. 自主创业和实际应用——以创业实践为例

近年来，各艺术类院校不断扩招，应届艺术设计类毕业生数量持续上升，再加上受金融危机的影响，艺术类高校的毕业生就业形势非常严峻。自主创业成为许多高校在就业问题上的一个解决方案，在教学过程中注重加强学生创业与就业的能力，让学生在找到谋生之路的同时也为社会减轻了就业压力。创意园区的不断涌现和"创意市集"产品的开发，为自主创业的艺术设计类毕业生提供了很好的创业条件和模式。

学生的设计作品在创新创业课程中成为优秀实例，为教学提供了很好的示范作用，之后参加创意市集，毕业之后还可以使所做的设计成为原创品牌继续开发下去，作为自主创业的起点。T 恤、徽章、笔记本等系列原创产品已经初步投放市场，经过实际的投放市场，创意产品的市场前景十分广阔，有很多的中小学生、大学生、白领、设计专业人士的消费族群；又因为原创产品是市场上独一无二的个性化商品，已经有越来越多的人从过去习惯在商场、超市购物转为寻找独特原创网店和参加越来越多的创意市集，并且在购买后还会与品牌设计者保持沟通与反馈，或借助 bbs、豆瓣小组、个人空间等方式支持、宣传自己偏爱的原创品牌，这在很大程度上推动了国内原创设计的发展。

毕业后的优秀同学，还可以协助老师帮带低年级的学生，继续设计制作优秀的"创意市集"产品、成立工作室，承接徽章 T 恤设计定做，名片、VI、画册制作，平面设计，网页的设计，等等。

六、"创意市集"创新创业课程在高等院校艺术设计实践教学中的意义和启示

"创意市集"创新创业课程在经过一段时间的实际操作后，一定会取得一定的教学效果，对高等院校艺术设计专业的创新创业实践教学有一定的意义，也带来一些启示。

1."创意市集"创新创业课程在实践教学中的意义

"创意市集"创新创业课程的开展给学生带来一些新的学习体验，也使他们综合能力和自信心得到很大程度上的提升。

(1)提升学生创新意识、自主学习能力及综合学习能力。随着全国高等院校艺术设计专业办学理念的进一步清晰，素质教育的不断发展，教学改革的不断深化，提升学生创新意识、自主学习能力及综合能力已成为教育家的共识。在传统的艺术设计教学模式下，学生只是作为传授知识的对象，被动地接受教育，这种教学模式取得的学习效果在很大程度上取决于教师的敬业精神和学生的学习态度。当下的大学生思维活跃，充满叛逆精神和探索精神，很大一部分同学已不再满足于这种单一的学习形式，更有一部分同学只是为了学分，为了交差而学习交作业，这种态度阻碍了他们在学习上的进一步深入。"创意市集"创新创业课程的开展，可以让学生感受到学习的自由和自主，可以使他们产生自己探索的兴趣。在这个课堂上，老师布置的任务不是一件作业，而是一件产品，每一位学生都是它的设计者、开发者、投资者和最终的制作者。每一个环节都会产生许多实际的问题，这些问题恰恰是就业中早晚会遇到的。而创意，在没有限制的情况下，也会得到最大限度的开启。

(2)提升艺术设计专业学生的专业兴趣和自信心。做一件让自己快乐的事，创作一件让自己骄傲的作品，这是提升自信的最好药方。当学生意识到自己是可以独立完整地完成设计之后，会主动地去了解相关的知识，解决遇到的麻烦，并把自己摆在设计师的立场上，严格要求自己。设计产品的标准之一其实是学生自己的喜好，无论成败，它首先要是一件让设计者自己喜爱的作品。此外，当设计产品投入市场后，得到消费者的认可，也使设计者的社会价值得到肯定，对学生来说，与在学校里得到高分和奖学金的含义截然不同，可以帮助学生在实际的市场上找到自己，进而了解自己在学业外的不足。在具体的课程实践过程中，协作又是非常重要的，当学生担负起自己应尽的职责，为了团队的利益而贡献自身能力时，同时也确立了自我价值。这种协调性、配合度和献身精神相结合，就是一个职业设计者的责任感。"创意市集"创新创业课程的开展，让学生在与职业设计师在同等的平台上展示自己，在学习前辈成功经验的同时，促使他们不断寻求新的创意来突出自己，创新能力、创业精神和自信心得到空前鼓励，也使得自己学到的理论知识和实践能力擦出了令人振奋的火花。

2."创意市集"创新创业课程在实践教学中的启示

"创意市集"创新创业课程为高等院校实践教学开辟了一条新的道路，在教学结构的优化和教师队伍的建设上都起到了良好的推动作用。

（1）优化教学结构及课程设置。高等院校艺术设计课程分成两个部分：理论教学和实践教学。这两个部分相辅相成，地位和作用不可互换和替代。高等院校教育的特点决定了教学结构必须走出传统的模式，把实践教学作为中心课程和重点课程，着重培养学生的专业技能和实践技能。"创意市集"创新创业课程以大量的实践操作内容让学生切实掌握了各门课程，更好地把理论知识与实践联系起来。

高等院校学制短、课程多，许多院校甚至安排整个学期让学生进工厂或企业参加实习，大大缩减了校内学习的时间，因此，实践类课程的整合是一个必然发展的趋势。"创意市集"创新创业课程的出现满足了这一需求，为学生全方位综合能力的提高打造了一个良好的实践平台。

（2）促进产学研的进一步开展。优秀的教师队伍是开展好实践教学的必要条件，高等院校艺术设计专业的教师不但要有过硬的理论知识，优秀的教师职业道德品质，还要有丰富的实践经验和市场洞察力，熟练掌握实际设计制作过程中的各项流程技术。"创意市集"创新创业课程涉及门类广泛、产品种类多样，对相应的带课教师的要求很高，需掌握和指导绘画、设计、印前、印刷、包装等各项课程，从理论到实践，从成本计算到市场推广，从审美演变到消费心理，都要对学生进行系统的指导。"创意市集"创新创业课程的教学过程是一个"教学相长"的过程，教师在辅导学生的同时，自己的理论水平和实践能力也得到进一步的提高，既保障了实践课程的良好开展，也为高等院校院校建设高水平"双师型"师资队伍打下了坚实的基础。

"创意市集"创新创业课程的开展，有效地提高了学生上实践类课程的兴趣，取得了良好的教学效果，同时进一步深化了教学改革，为打造一支符合"双师型"要求的师资队伍奠定了基础。

"创意市集"最初由英国传入国内，是一个完全由民间力量组织而成的活动，因为它的新鲜和活力迅速在年轻人中间引起共鸣，至今兴盛不衰。将"创意市集"引入设计课堂，可以作为高等院校创新创业课程的一次尝试，学生将会对这项新事物产生出的浓烈兴趣和由此带来的显著进步，大多数同学在提高了创新能力及实践操作能力的同时，在团队合作意识、敬业精神方面也有明显的提升。甚至部分有厌学情绪的所谓"后进生"在接触这类课程后，把参加"创意市集"当成学习的动力，取得令人刮目相看的成绩，其他学科成绩也大幅提高。应该说，"创意市集"创新创业课程的开展会取得良好的教学效果。

七、武汉"创意市集"的发展历程

武汉艺术创意市集自 2007 年发展至今，共有 10 余年历史。2014 年之前艺术创意在武汉市本土寥寥无几，且并未受到重视，但在 2014 年武汉市文化体制改革纵深推进，文化创意产业发展再上新台阶，深化了文化改革发展顶层设计；建立了国有文化资产监管框架；完善了政策措施，并争取各级财政支持，文化产业稳步发展。借助武汉文化产业的升级转型优势，武汉艺术创意市集成为文化产业发展推广的重要线下平台，艺术创意市集举办体量也有所增长。从 2019 年至今，受疫情影响，新的经济形势出现，武汉艺术创意市集的特殊优势反而使武汉艺术创意市集更受到重视，发展势头迅猛。

官方政务部门借由艺术创意市集作为宣传武汉传统文化的依托，达到大力发展文旅行业的目的；各商业街区与文化产业园区为吸引客流抢占市场，也不断推出艺术创意市集，通过各式各样的趣味性活动吸引客流。尤其在疫情之后，武汉急需各种文娱活动汇集人流刺激消费，也推出城市地摊经济政策以推动经济复苏，市集发挥了重要作用。例如在 2019 年武汉市政府联合武汉天地举办"2019武汉国际创客艺术节"，设立创客市集，将科技企业结合艺术家、工业设计与艺术创意结合展示，致力于打造武汉特色艺术品牌，创造城市文化品牌，得到较好成果。2020 年以来，武汉发展艺术创意市集并未因疫情反复而踌躇不前。随着应对疫情所出台的"地摊经济"政策出现，武汉街头出现了许多充满艺术性的原创街头小摊，艺术创意市集逐步成为武汉城市活力风向标。汉口 K11 艺术创意市集、汉街艺术市集、汉阳造文创产业园区等一系列具有影响力的市集街区不断推陈出新，武汉艺术创意市集的举办流程更加成熟，对艺术家设计师的甄选、活动主题策划、概念设置等也逐步明确方向。武汉艺术创意市集成为了彰显武汉创造之都、艺术之都的代表。

表 4-1   **2019—2021 年武汉"创意市集"发展历程**

时 间	地 点	主 题	类 别
2019.11.30—12.01	临江大道绿地缤纷城	"江边边"创意市集	商业市集
2019 年起定期举办	不定	物物 WOO 市集	商业市集
2019 年起定期举办	武汉青山印象城 IN 街	印象城 IN 街世界	商业市集
2020.09.19	武商摩尔城	时光 LOOP 玩咖会	商业市集
2020 年起定期举办	楚河汉街	汉街市集	商业市集
2020 年起定期举办	K11 艺术购物中心	K11 艺术市集	商业市集
2020 年起定期举办	昙华林泛悦汇	昙华林市集	商业市集
2021 年起定期举办	武汉青年路太和里	太和里圈子市集	商业市集
2021.12.25—12.27	经开万达	向阳而生市集	商业市集
2021.12.25—12.27	汉口城市广场	圣诞奇遇礼遇市集	商业市集
2020 年起定期举办	汉口黎黄陂路	黎黄陂路文创市集	商业市集
2021.10.20—2021.10.23	吴家花园	吴家花园古着市集	商业市集
2020 年起定期举办	武汉东湖大李文创村	大李村手作市集	商业市集
2021.4.23—4.25	大智无界空中小镇	武汉艺术书展	商业市集
2019.11.22	武汉创意天地创造园区	2019 武汉国际创客艺术节	官方市集(洪山区委、区政府)
2021.4.29—5.1	江汉路步行街	"汉绣芳华"嘉年华	官方市集(武汉市文化和旅游局)
2021.5.1—5.5	黄鹤楼公园	黄鹤市集	官方市集(黄鹤楼)
2021.9.19—10.3	江岸和平坊	"游乐敞"市集	官方市集(江岸区旅游文化局)

    2019 年至今,武汉着力发展文化产业之后出现的武汉艺术创意市集数量激增。此阶段创意市集的数量、规模都有了巨大的进步。面对新的经济环境以及疫情的压力,武汉各大商圈为了吸引客流、提升商圈竞争力,都推出了创意市集活动。其中,武汉 K11 艺术市集、汉街市集、昙华林市集等商业市集深受年轻人欢迎,成为城市热门地标市集。大李文创村市集主打非遗文化传承,汇聚了湖北省各种非遗传承工作室,作为武汉最具代表性的文化遗址黄鹤楼也推出了市集活

动，以及武汉市文旅、江岸区文化和旅游局举办的汉绣嘉年华和"游乐敞"市集，既是将武汉传统文化加以创新，制造出全新的火花，也是对武汉文旅产业融入现代化的一次开拓。武汉艺术创意市集成为武汉各文化产业园区重要的一环。

八、搭建高校创新创业教育与武汉创意市集共建共享体系

武汉作为大学城，在校大学生达一百余万人，每年艺术类招生规模庞大，能为武汉艺术创意市集的发展输出大量艺术类人才。高等教育作为教育系统中的重要组成部分，培养具有创新创业能力的应用型艺术设计人才，是推动创意产业发展的关键。高等教育创新创业教育与创意市集的融合，形成高等教育推动武汉创意市集的发展，武汉艺术创意市集的发展引领高等教育创新创业教育改革创新的新格局，从而达到高等教育与武汉艺术创意市集的协同共建、共享。

1. 融入高等教育创新创业教学体系，建立研学机制

高等院校创新创业教育在人才培养上，结合武汉艺术创意市集的发展现状及人才需求，定制针对艺术创意市集的创新创业教学体系改革，建立以艺术创意市集为主题的实践课堂。通过与创意市集共建实践教学项目，摆脱程式化的教学形式，将课堂转移到创意市集中，使学生参与到项目全过程，提升学习积极性、创新性和挑战度，从而增强学生艺术创新能力和实践能力。在教学成果检验方面，展示场地由美术馆、展览馆转变为市集，将艺术品转化为商品，在市场中去检验和发现问题。作为高校教师可以在课程设置和教学内容上，以市场需求为导向，进行项目化教学，在项目实践中进行教学教研活动，形成产学研商四位一体的人才培养体系。

为了保证创意市集与高等教育之间的深度融合，在高等教育领域成立创意市集研究中心，以此提供各高校之间合作交流的平台，确保市集相关研究、活动的沟通和联络工作，共同为武汉创意市集的发展出谋划策。创意研究中心支持跨领域、跨专业的学者加入，倡导创意市集与其他学科的跨界合作，特别是当下高新技术的涌现，在创意市集的组织、展陈方式中需要有效利用高科技成果，让科技助力创意市集的发展。

2017 年 6 月，武汉汉阳造艺术市集汇集了武汉一批具有创新精神的艺术大学生，为其创意作品提供一个展示的机会。湖北美术学院、湖北工业大学、长江职

业学院等高校学生带着自己的文创作品参加了此次创意市集，并得到了一致好评。长江职业学院有目的地组织学生参加市集活动，也是视觉传达专业基础课改革的其中一项，在学习设计基础课程中植入社会实践项目，将学生的作品转化为文创产品投入市场，给予学生更多的学习与交流机会。大学是现代社会培养建设人才的重要基地，背负着为新时代中国社会经济转型持续发展安装"创新发动机"的历史重任，创新创业教育从"小众"向"大众"转变，带动了我国高等教育理念更新、人才培养机制创新、教学管理制度的革新，进而从根本上将传统教育模式下培养出的"应试"人才转变为"创新"人才，摆脱中庸的保守文化，培养具有实干精神、创造热情的青年人才。艺术创意市集作为积极为大学生提供机会更好展示自我的平台，需要青年大学生的激昂活力，创意新颖的艺术表现形式，点燃创新之火，推动区域文化创新发展，才能如预想，搭建一个青春、艺术、理想与责任的国际文化交流平台。

2. 建立综合服务平台，引领市集发展方向

结合当下"互联网+"创新创业大赛，构建基于创业市集孵化的综合服务平台，由政府、市集主办方和学校联合组建创业辅导团队，为想创业、想加入创意市集体系的大学生提供专业辅导。面对艺术家缺乏宣传，艺术作品缺乏营销的市集合作方、针对所面临的现实问题与具体问题给予个性化的意见和建议，提高艺术创意市集的市场占有率。同时为大学生创新创业者及创新创业项目提供持续性的辅导与帮助，提供对接校内外资源整合的平台，指导学生参与创新创业大赛。

高校院校创新创业教育应结合地域特色文化、地域经济发展情况等现实因素，为武汉的文化产业发展和人才资源库储备做担当，在武汉的经济文化建设中起到引领、保护、推动和示范作用，形成高等教育与武汉文化产业发展互利双赢的良好循环。针对武汉艺术创意市集的发展，高校教育顺势而为，向多元化发展，充分认知地域文化特色和社会经济特点，结合文化创意产发展的潮流趋势，确定和构建服务模式，引领武汉创意市集不断发展。

3. 高等院校创新创业教育推进特色文化创意产品开发

2016年5月，国家文化部、财政部、国家发改委、国家文物局联合颁发《关于推动文化文物单位文化创意产品开发的若干意见》，武汉市政府在该文件的基础上开始进行相关地方文化文物单位的文化创意产品开发进程。武汉地域文化的

优秀特质集中表现在品行独立、开放包容、重教趋新、务实进取等方面。以武汉黄鹤楼为代表,武汉众多高校将底蕴深厚的荆楚文化精神元素融入创新产品的开发,试图扩大武汉本土文化品牌的影响力。黄鹤楼开展"黄鹤楼市集",在市集上售卖黄鹤楼原创文化产品,顺应大众化文化艺术品消费热潮,让古玩瑰宝以崭新的方式进入大众生活。但目前武汉文创产品开发程度趋向同质化,不少文创产品缺乏艺术性与创新性。对标故宫博物院的"螺钿链条包""手绘印章""故宫口红""紫禁冰嬉杯"等集创新实用为一体的文创产品,武汉艺术文创产品还具有相当大的发展空间,还需要不断地推进特色文化创意产品开发,深入挖掘武汉文化产品的开发空间。在此基础上,武汉艺术创意市集才能有足够的市场竞争力,成为传承与创新重要发展地,连接过去与未来。

九、武汉高校开展"创意市集"创新创业课程的价值

武汉高校"创意市集"创新创业课程通过综合实践训练提高了学生的创意水平、设计能力和实际操作能力,给学生创造了职业规划前景,提升了学生的社会责任感,这是该课程的根本价值所在。同时,课程结果为实物形式,具有一定的市场价值,能够实现教学目标和经济利益的双赢。

1. 社会价值

当今社会,科学技术不断发展,人们的生活方式也在不断地顺应社会潮流。"创意市集"以及与之相关的设计人群的出现,不能不说是近年来国内设计风潮转变下的产物。武汉高校艺术设计专业创新创业教学必须关心这种变化,并分析和判断这种变化所带来的行业前景。"创意市集"创新创业课程也必须迎合当前的设计风潮,让学生积极参与社会活动,在学习的同时扩展行业知识,丰富行业阅历,完善自身的人生观、价值观,形成有个性的生活方式。

2. 市场价值

武汉高校"创意市集"创新创业课程是一个开放性的课题,不仅仅可以用具体的任务开发制作出创意产品,还可以虚拟课题,开发实验性质产品。更令人振奋的是,"创意市集"的草根性低门槛为这个课题敞开了大门,所有产品都可以在"创意市集"上出售,从而大大降低了教学成本。武汉高校"创意市集"创新创业课程的学习过程本身体现了设计的真谛:设计本身是一种社会行为,其价值必须

在市场中得到检验。

　　"创意市集"应用于艺术设计专业创新创业教育的活动，实质上是一种新颖的、带有趣味性的、不设条件的实践学习。这种活动不仅能使学生在动手过程中对课本知识学以致用，也能接触到社会上流行的材料与设计风格，缩短学校与社会"脱节"的距离；同时也能让学生收集到社会各种群体对设计作品客观的、不同角度的看法，有利于修改设计作品以达到工业设计量产化的要求。

　　"创意市集"应用于高校艺术设计创新创业教育是对当前教育体制的补充，它不仅是对设计实践活动的训练，也是对艺术设计专业学生创新意识的鼓励。"创意市集"活动作为高校创新创业教学课程的灵活补充，为在读学生提供了充分的实践机会，增强其适应社会的能力，也可为以后教育体制的改革与创新提供丰富的实践经验。与此同时也不可否认，"创意市集"创新创业课程也存在一些弊端：过于强调成品效果，淡化了学生与操作工人的区别；"创意市集"产品消费群与普通商业设计消费群的差异较大，学生训练的方向有明显的盲区。所有的成熟都要经历挫折，所有的改革都不会一帆风顺。但是我们相信，只要有探索就会有收获，只要认真付诸实践就会往前进步。"创意市集"创新创业课程的开展虽然是"摸着石头过河"，也一定会给我们的教学研究带来一些启发，一定会为高等院校艺术设计专业的实践教学探索出一条新的道路。

第五章 未来高等院校艺术设计类大学生创新创业方向的思考

在当前进行的高等院校艺术设计类大学生创新创业实践活动中，我们看到，存在着诸多不足，除了内涵上的缺失外，更重要的是其中所具体展现和融入的理念，更多只是关注对学生创新创业项目上的指导，忽略了国家精神、文化理念的合理融入，这就使得很多学生在进行具体的创新创业活动时，很难有效实施。

创新创业教育的意义和价值已经得到各个国家的普遍共识。无论在国外还是国内，高等院校创新创业教育都在如火如荼地开展。由于一些发达资本主义国家（如美国）开展创新创业教育较早，积累了丰富的经验，因此国内许多高等院校在开展创新创业教育时奉行"拿来主义"，直接借鉴其模式和做法。然而，这违背了大学生创新创业教育的基本规律。大学生创新创业是一种实践，既不是一个理论，也不是一个学科，更不是一个专业。大学生创新创业活动是由大学生的动机、知识能力、各种资源和具体活动有机整合在一起的实践过程，其结果是新价值的创造。所以，大学生创新创业教育也是针对学生动机的培养、知识能力的培养、各种资源的整合和具体活动的指导。因人而异，因时而异，因事而异，其本身就是一种创新，不宜不加改造地直接进行借鉴。

中国深厚的文化底蕴和悠久的文化传统早已深深刻在人们心中，约束和影响着人的行为。因此针对艺术设计类大学生的创新创业教育，不能不充分考虑到这一点。人是文化的人，因此，教育研究也需要开辟和践行文化范式，大学生创新创业教育研究也不例外。中外文化背景不同，社会价值观不同，创新创业教育各有其不同的文化土壤，因此同样的"模式"借鉴过来也就会结出不同的花、开出不同的果。

在文化视角下，我们需要审视思想教育、政治教育与创新创业教育的本质，审视我国高等院校创新创业教育的演变历史，可以看出当代高等院校创新创业教育存在的问题和不足。结合我国的传统文化、政治背景，提出了以文化为切入点来思考构建我国高等院校艺术设计类大学生创新创业教育体系的方向、思路和具体内容。

第一节　我国高等院校创新创业教育体系构建的文化审视

2017 年 1 月 25 日，中共中央办公厅、国务院办公厅印发了《关于实施中华优秀传统文化传承发展工程的意见》，指出"文化是民族的血脉，是人民的精神家园。文化自信是更基本、更深层、更持久的力量。中华文化独一无二的理念、智慧、气度、神韵，增添了中国人民和中华民族内心深处的自信和自豪"。其基本观点表明，文化的基础作用要远远大于其他方面的精神要素。思想政治教育作为对人精神修养的一种培养方式，自然不能忽略文化对思想政治教育的核心作用。

正如国家主席习近平同志所言，中华传统文化是我们最深厚的软实力。博大精深的中华优秀传统文化，对高等院校大学生"树立正确的世界观、人生观、价值观很有益处"。2014 年 3 月，教育部颁发了《完善中华优秀传统文化教育指导纲要》（以下简称《纲要》），为新形势下加强中华优秀传统文化教育作出了部署。高等教育作为国民教育的最高层次，创新创业教育作为高等教育的实现方式，在传承和弘扬中华优秀传统文化方面负有不可推卸的责任。

对于高等院校来说，既要承担在弘扬中华优秀传统文化方面的重任，又要肩负树立青年学生正确人生观价值观的责任。高等院校的创新创业教育，就必须既包含知识技能的成分，又包含思想政治教育的成分，所以，在高等院校艺术设计类创新创业教育体系构建的过程中，绝对不能忽视文化以及思想政治教育的核心作用。

在高等院校艺术设计类大学生创新创业教育体系的构建方向中，文化的作用应该在指导思想中得以体现。具体而言，高等院校艺术设计类创新创业教育体系构建的指导思想要做到三个融入：一是融入社会主义核心价值观；二是融入中华优秀"非遗文化"；三是融入传统"工匠精神"。

第二节　社会主义核心价值观融入艺术设计类大学生创新创业教育

　　社会主义核心价值观是构成文化的必要条件，是决定主体行为的关键因素。不同的环境会发出不同的价值观，文化的价值判断是影响高等院校艺术类学设计实践和学生行为动机的重要因素，具有什么样的价值观，就会导致什么样的活动。社会的价值判断越高，学生们的动机就会越强，反之就会越弱。我国的创新创业氛围还不是很强，其中一个重要原因就是对创新创业的价值判断不高。2013年12月，中共中央办公厅印发了《关于培育和践行社会主义核心价值观的意见》，明确了"富强、民主、文明、和谐、自由、平等、公正、法治、爱国、敬业、诚信、友善"24字的社会主义核心价值观。而培育和践行社会主义核心价值观，则是当前高等院校思想政治教育的主要任务。在高等院校创新创业教育体系中，只有融入了社会主义核心价值观，才能保证创新创业教育树立的价值观与社会大环境保持一致，所以艺术设计类大学生创新创业教育中不可忽视的一环就是对艺术设计类大学生进行价值观的引导与教育。

　　在高等院校艺术设计类大学生创新创业教育体系中融入社会主义核心价值观，需要加强对艺术设计类大学生的思想教育，要以弘扬爱国主义精神为核心，以家国情怀教育、社会关爱教育和人格修养教育为重点，着力完善艺术设计类大学生的道德品质，培育理想人格，提升政治素养。例如，开展以天下兴亡、匹夫有责为重点的家国情怀教育，教育学生在创新创业过程中与祖国荣辱与共，增强国家认同感，培养爱国情感，树立民族自信，开展以仁爱共济、立己达人为重点的社会关爱教育。教育艺术类学生在创新创业过程中学会承担社会责任，心存善念、扶危济困、回馈社会，形成乐于奉献、热心公益慈善的良好风尚，培养大学生做高素养、讲文明、有爱心的企业家，开展以正心笃志、崇德弘毅为重点的人格修养教育，引导艺术设计类大学生将来做明辨是非、遵纪守法、踏实守信、公德高尚的企业家。

　　艺术设计类大学生创新创业教育的文化融入还要包括丰富的地域文化。任何创新创业文化都要以一定的地理环境、社会体制、历史传统为基础，都是自然环境和人文环境的产物。"温州创新创业文化"的特色是温州人不靠国家、不靠外资，甚至不需要政府的动员，在强烈的创业致富欲望和冲天热情驱使下，家家户户自觉投身于市场经济。离开了温州的实际，这种文化就难以生成。

同时，在融入社会主义核心价值观的过程中，还应该不断丰富和传承革命文化。例如，将近代凝聚而成的一些新"精神"。如"井冈山精神""延安精神""长征精神""大庆精神""航天精神""武汉精神"等纳入传统文化。在融入社会主义核心价值观的过程中，还有大学发展过程中形成的校园文化，如校训、校歌、格物致知等，也应该被纳入社会主义核心价值观的创新创业教育。这些身边的价值观，对艺术设计类大学生创业创新精神形成的影响会更加直接。

无论是从理论的层面，还是从实践的维度来看，大学生创新创业教育的实施都需要有深厚的思想基础。因此，中国特色的创新创业教育体系的构建也应充分体现社会主义核心价值观。既然要发展中国特色的高等院校创新创业教育，那么在思想价值层面就要扎根中国，使大学生创新创业教育与价值观的培养相辅相成，融为一体。在整个大学生创新创业教育过程中，我们都应该旗帜鲜明地体现教育的中国性和政治性。把大学生的创新创业行动与中国特色社会主义建设的共同理想结合起来；把大学生创新创业的必要性和当前的国情教育结合起来；把大学生创新创业实践与全面建成小康社会的伟大目标结合起来；把大学生的创新创业梦想与祖国的繁荣富强、中华民族的伟大复兴结合起来，通过讲清世情、国情、民情，给新一代的创新创业者注入源源不断的精神动力。

一、社会主义核心价值观相关概念界定

1. 价值、价值观和核心价值观

"价值"一词最早在马克思主义学说中应用于经济学，后逐渐延伸至法学、艺术、哲学等领域——"价值"这个普遍概念是从人们对待满足他们需要的外界物的关系中产生的。可以清晰地看出，价值并非即有的，而是人和物的关系。所以，价值既是主体和客体的统一，也是客观和实践的统一。

价值观是人对价值的基本观点和立场。马克思认为："观念的东西不外乎是移入人的头脑并在人的头脑中改造过的物质的东西而已。"它具有导向性，引导激励人们的价值取向和行为选择，与此同时，价值观还具有多样性，不同主体存在

差异。

核心价值观，即处于各种价值观形成的价值观体系中最核心、具有根本地位的价值观。同时它也是一种社会制度长期普遍遵循的价值准则，在社会发展中能被普遍认同并凝结全社会共同的心理基础，具有趋同性。

2. 社会主义核心价值观

社会主义核心价值观提出于党的十八大，是社会主义核心价值体系的高度凝练和集中表达。富强、民主、文明、和谐；自由、平等、公正、法治；爱国、敬业、诚信、友善，这 24 个字是其基本内容。"三个层面"是其倡导的核心内容，同时也是对社会主义最根本的诠释，贯穿于社会主义运动、制度和价值观的全过程。

3. 高等院校艺术设计类大学生社会主义核心价值观培育

高校在国家发展中演绎着极关键的角色，为社会主义建设输送一批又一批的人才，正因为它在社会前进中的功能，决定了其在价值观培育中所肩负的时代任务。艺术设计类大学生处于"拔节孕穗期"，需要在价值观教育上加以引导。高校艺术设计类大学生社会主义核心价值观培育从三个层面，通过教学手段将其中蕴含的思想文化精神传递。它不同于传统的思想政治教育，也有别于一般意义的价值观教育。一方面教育本身的性质体现社会主义意识形态，也是社会主义优越性的精神体现；另一方面还能够借助高校大学生创新创业教育本身所具备的优势，即价值观教育是与生俱来的天赋，社会主义核心价值观培育就是要创新和突破现有思想道德教育。

二、社会主义核心价值观在创新创业教育中发挥的功能

(一) 思想导向功能

1. 政治引领功能

习近平总书记强调，要坚持将"立德树人"作为中心环节，把思政工作贯穿教学全过程。因此，在艺术设计类大学生创新创业教育中融入社会主义核心价值观培育，可以增强政治引领功能，也是遵循社会主义高等教育和创新创业人才培养的本质要求。大学生正处于三观形成的关键期，面对国内外繁杂的环境和多元价

值观冲击，良好的思想政治基础是进行实践活动的根本。高校思想政治工作的首要任务就是引导大学生树立正确的政治态度，树立良好的爱国主义情怀和时代精神，思想有保障，行动才会有根基。作为高校思想政治教育的重要内容，社会主义核心价值观保障了大学生的政治意识，以及未来实践过程中具备科学的思想观念，能够成为全面发展的创新型国家建设者。

2. 价值引领功能

价值问题对任何国家、社会以及个人来讲都是根本问题。价值引领就是用主流正确的价值准则引导社会群体的价值判断和选择，并逐步形成价值共识。正确的创新创业价值观决定了未来创新创业实践过程中的价值取向和行为方式，是创新创业社会价值和社会效果的根本保障。社会主义核心价值观从三个层面帮助艺术设计类大学生定位创新创业的价值目标，改善他们在创业实践中的行为，以社会共识来践行价值目标，从三个方面推动持续长久发展作为归宿。

(二)动力激发功能

内驱力是大学生进行实践活动的重要动机，也是进行社会实践最根本的力量之源。社会主义核心价值观根植于中国优秀的传统文化，也承载着广大人民群众对美好生活的向往，可以帮助艺术设计类大学生坚定理想信念和厚植爱国情怀，并以此增强他们认识和改造世界的积极性、主动性和创造性，进而激发他们的责任感和使命感，将创新创业的"青春梦"自觉融入复兴的"中国梦"，激发创新创业精神，并为之奋斗，从而为实践输送源源不断的能量。

(三)人格塑造功能

创新创业人格是大学生内在创业意识和能力所构成个体特有的心理特征，是创新型人才素质结构中的关键。社会主义核心价值观培育作为高校立德树人的重要抓手，通过帮助艺术设计类大学生形成主流的价值观和良好的道德品质，并不断内化为个体人格，从而塑造他们优秀的创新创业人格。现实当中，很多大学生都心怀希望通过创业而改变世界的愿望，但创新创业从来都不是一蹴而就的，面对无数的崎岖坎坷和不良诱惑，需要培养艺术设计类大学生形成健康创新创业人格。对内，要培育他们坚忍、执着的创业精神；对外，要加强他们时刻用社会主义道德规范、约束自己的创新创业行为。

(四)思维开发功能

思维方式的创新是进行创新创业实践活动的前提基础。马克思主义哲学作为世界观与方法论的统一，在开发创新思维方法上与生俱来具有优势：一是，提供了哲学依据与科学的思维方法；二是，与时俱进是马克思主义理论的灵魂，本身就是创新的理论；三是，中国特色的革命和建设道路的开拓就是创新创业的伟大实践，是对思维创新方式的鲜活例证。其蕴含着大量的资源，对开拓大学生创新思维的潜能，提高其创新思维能力具有极大的帮助作用。

(五)技能提升功能

1. 专业知识提升

创新创业技能涵盖从发现挖掘到价值创造所需的一整套技能。社会主义核心价值观可以在别人没有发现机会或者把握机遇时，提供洞察力和自信心。创新创业实践是进行具体的社会活动，必须立足现实"自由、平等"的社会环境进行，"公正、法治"为创业理念的科学转化提供了后续的保障，详细地了解国家相关领域的政策法规，提高艺术设计类大学生的洞察力，而其中蕴含的知识对提升职业素养和法规知识也大有裨益。它同时也是一个创新型社团组织内部治理所希望达到的管理准则，社会层面的四个倡导元素也代表着现代创业组织所崇尚的使命。

2. 调节人际关系

社交是大学生进行社会活动和维持社会关系所必需的能力，妥善处理好人际关系，不但可以更好地与人沟通交流，甚至还能在工作中起到意想不到的效果。社会主义核心价值观所蕴含的优秀品格，能够帮助艺术设计类大学生认识他人，也认识自己。在创业实践中帮助大学生更好地融入团队，和谐相处，有效解决他们普遍对于社会适应和外界的看法不成熟，处理人际关系难免不到位的问题。通过社会主义核心价值观中优良的个人品格，可以帮助他们在与人共处中建立良好的社交环境，为艺术设计类大学生实现全面发展打下坚实的社会关系基础。

(六)文化浸润功能

新时代，高等教育要从课堂中解放出来，大学生创新创业教育更应如此。鼓励艺术设计类大学生与社会相接触，在创新创业教学中增设浸入式、情景模拟的方式，不断提高他们的创新积极性。"自由"为艺术设计类大学生创新精神的发展提供了广阔的天地，"平等"为艺术设计类大学生创新精神的展示提供了良好的平台，要通过贯彻全程的社会主义市场经济特征的教育，让艺术设计类大学生在实践中、在生活中理解市场经济的自由、平等、公平、制度等特征，以大学为平台构建能够影响全社会的良好创新创业文化环境，推动高校健康创业文化的建设。此外，还可以通过"优秀校友创业分享会""创新创业文化大讲堂"等活动，营造浓厚的创新创业氛围，通过其中与核心价值观契合的创新创业文化引导艺术设计类大学生成长成才。

三、社会主义核心价值观与大学生创新创业教育融合的意义

1. 有利于培养担当民族复兴大任的时代新人

艺术设计类大学生作为创新型国家建设的重要力量，这一群体的价值观和道德水平对创新型国家建设的影响联系紧密。每一代人都有每一代人的使命，当前艺术设计类大学生的使命就是实现"两个一百年"奋斗目标和实现中华民族伟大复兴的中国梦。面对实现高质量发展、打赢"三大攻坚战"、回应人民对美好生活的向往等重大任务，国家对创新型人才的需要比以往任何时候都更加迫切。大学生的综合素养中，往往创新创业素养是最核心的。"培养什么样的人"是创新创业人才培养优先需要解决的问题，在世界经济持续走低、发展全球化的冲击下，明确创新创业价值目标意义重大。

通过发挥社会主义核心价值观的创新创业动力激发功能，有利于培养担当民族复兴大任的时代新人。从国家层面的核心价值观定位高校创新创业教育的价值目标，是其内驱力。将其作为价值目标，能够提升他们面对多元化社会思潮的洞察力和创新能力，增强社会责任感和历史使命感，将创业的"青春梦"自觉融入复兴"中国梦"，激发创新创业精神，更好地投身民族复兴伟业之中。

2. 有利于提升高校核心价值观培育的实效性

时下，社会主义核心价值观培育中普遍存在学习教育资源缺乏、形式方法单一、实践平台不多的难题，严重制约了核心价值观培育的实效性。艺术设计类大学生创新创业教育的提出和普及为高校育人体系又提供了更加具体的、可操作性的方式和平台。其教育内容贴近生活实际、贴近传统文化，手段多样新颖，可以为价值观教育提供教材内容、课堂教学、实践拓展等依托，一定程度上避免了传统社会主义核心价值观培育重理论轻实践、重说教轻交流、重教育轻反馈等问题。

通过借助大学生创新创业教育的载体作用，让乏味的理论知识教学变得活泼生动，有利于提升高校核心价值观培育的实效性。社会主义核心价值观是高校思想政治教育的重要内容，引领艺术设计类专业大学生树立正确的创新创业价值选择是大学生社会主义核心价值观培育落细、落小、落实的必然要求，也是落实"立德树人"这一根本任务的重要手段。在创新创业实践过程中，价值观往往比知识、技能更关键。艺术设计类大学生通过艺术具象载体更加容易理解核心价值观的内涵，并不断凭借自身的感受和体验加深理解，使得社会主义核心价值观培育过程生活化、隐性化，增强了培育的实效性。

3. 有利于定位高校创新创业教育的价值目标

高等院校创新型人才的多寡和层次水平是建设创新型国家的核心，我国虽然科研人数总数高居世界第一，但从业人员比例还比较低，在重大科研项目和学科等领军人才严重匮乏，结构性失调严重。高校作为国家创新体系的关键环节，是人才培育的主渠道。近年，国内高校均将大学生创新创业教育作为深化教育改革的突破口，并取得了积极成效。但是长期以来，我国传统教育理念根深蒂固，重知识技能、轻综合素养，部分院校在进行创新创业教育时忽略了"立德树人"这一根本任务，简单、粗暴等同于知识传授和技能培训，忽视了价值教育，定位存在窄化倾向，对其价值目标定位偏颇。

通过发挥社会主义核心价值观的思想导向功能，有利于定位创新创业教育价值目标。社会主义核心价值观作为指导社会主义建设的价值目标准则，它能够在意识形态上起到价值引导作用，培养当代艺术设计类大学生优秀的道德品质，激发主观能动性，将个人的发展和国家、社会的需求相统一、结合。在大学生创新创业实践中，通过核心价值观作为指引，架构主流上层价值体系，推动大学生创新创业教育服务社会和引领社会发展的责任与担当。如此能够匡正创新创业实践中的行为误区，重构全面的创新创业教育体系并真正纳入高校育人体系中，为中国特色社会主义现代化国家建设输送高素质创新型艺术人才。

4. 有利于提升大学生综合素质实现自我价值

随着高等教育逐步进入大众化阶段，毕业生人数也连年剧增，未来毕业生人数和用人需求的供给性结构矛盾将会越发凸显，与此同时，国内经济发展方式转变、创新型国家建设以及2035目标对高素质艺术人才的要求也越来越高。当前，我国艺术设计类大学生创新创业内在问题主要有两个方面：一是，没有创新能力；二是，不知怎么面对创业的困难和失败。总体来讲，就是不能正确评估自己，合理定位。

通过发挥社会主义核心价值观的技能提升功能，有利于提升艺术设计类大学生综合素质，实现个人理想。核心价值观在人才结构的定向、动力等方面都具有重要作用。通过将两者融合，不仅可以传授他们自主择业、自由职业的方法和途径，使艺术设计类大学生适应社会竞争，这是融入社会、服务社会的前提；还可以提高他们的创新精神和自我素养，增强自身持续发展能力，成为全面发展的新一代，在日后的创新创业实践中实现自我价值，在社会主义建设中大施才能、大展拳脚。

5. 有利于规范大学生创新创业行为价值取向

随着世界全球化趋势深入和对外开放力度不断加大，西方资本主义多元价值不断涌入，在此背景下，部分艺术设计类大学生过于重视物质追求与个人享受，在创新创业实践过程中出现道德滑坡、诚信缺失等违背公德现象，有的甚至为追求利益链而走险以至于触犯法律，做出危害集体与国家利益的行为。此外，大学生在创新创业实践中的价值取向受经济、文化、社会等多重环境因素的影响，因此，为大学生营造积极、健康的创新创业环境十分重要。

通过发挥核心价值观的人格塑造功能、文化浸润功能，有助于约束艺术设计类大学生行为取向。一方面，从社会层面规范了艺术设计类大学生的思想和行为。其中所倡导的优秀价值取向和道德品质就是对个人行为的基本要求，在创新创业教育过程中强化市场法则、行业法规，将基本规范和要求作为创新创业教育的考评项，使业内规范转为个体戒律，增强大学生法治思维和道德品质，把艺术类创新创业实践的每一个步都置于规则规范允许的范围内。有助于为艺术设计类大学生创业实践中正确价值取向的形成提供健康的环境和完善的机制，也作为组织内部理想的管理状态。另一方面，积极、健康的创新创业氛围也能潜移默化地起到育人效果，并且这种隐性德育的效果更持久、深邃。

四、社会主义核心价值观与大学生创新创业教育融合的实现路径

(一)教育目标上相互融合

1. 明确社会主义核心价值观培育目标，培养时代新人

在高校进行社会主义核心价值观培育，就是将核心价值观理论三个层面的内在价值目标与艺术设计类大学生群体的全面发展结合起来，通过渗透在教学内容和教学活动上，使得社会主义核心价值观的内涵得到艺术设计类大学生群体的认知和践行。创新创业教育以培育和提升能力为主，还包括了培养积极进取的人生信仰、良好的自我认知、与人和谐相处的交际能力等优秀创新创业人格，实现艺术设计类大学生全面发展，输送"双创"新生力量。与此同时，高校立身之本在于立德树人，必须贯穿于教育的全过程。

从价值目标分析，立德树人和全面发展是他们共同的价值诉求。社会主义核心价值观为创新创业指引；创新创业教育为其落地生根。要实现两者的融合，就必须在社会主义核心价值观培育的过程中明确目标，以创新创业教育为载体，将创新意识、创新能力和创新素质融入其中，解决传统培育方式与现实相脱节的问题，共同贯穿于艺术设计类大学生成长成才的全过程，摒弃"学而优则仕"的传统束缚，激发大学生的创新潜能和创业动力，把创业的"青春梦"和复兴的"中国梦"相统一。

要以国家层面核心价值观为根本目标，发挥社会主义核心价值观的政治功能、动力激发功能。必须以培养时代新人为着眼点，依托案例使艺术设计类大学生感受到我国中国特色社会主义现代化建设的历程中敢为人先、锐意创新以及不屈不挠的精神，增强他们时代责任感和国家主人翁意识。引导艺术设计类大学生确立自己的价值目标，激发创新创业动力，自觉投身于民族复兴的伟大工程，并在今后创新创业实践中始终坚守正确的价值追求，保持自身发展与社会整体发展

同向同行。

要以社会主义核心价值观为基础，发挥社会主义核心价值观的人格塑造功能、文化浸润功能。牢牢紧抓"立德树人"这一关键环节，不断在核心价值观培育过程中渗透风清气正的经济社会价值取向，通过分析国家以及社会发展的大环境、大背景、大政策，使艺术设计类大学生能够自觉维护健康、有序的市场环境氛围和遵守创业实践的法律保障机制，并在此氛围中不断内化，把社会主义核心价值观的要求内化为自己创新创业素养。

要以个人层面核心价值观为依托，发挥社会主义核心价值观的思维开发功能、技能提升功能。必须着重培养艺术设计类大学生创新思维能力、创业基本能力和人际关系维持能力。首先，要通过社会主义核心价值观培育使艺术设计类大学生看待问题时具备马克思主义思维，能够全面、与时俱进地分析解决问题，具备辩证思维。其次，创新创业技能包含从机遇挖掘到价值实现等全过程所需的技能。在别人还犹豫不决或没有注意机遇时，就为艺术设计类大学生提供了决策。此外，社会主义核心价值观培育中关于职业道德和法律法规的知识，也能优化艺术设计类大学生的综合素养。最后，要通过核心价值观培育，使艺术设计类大学生在日常创业实践的过程中，与人为善，避免争执，建立良好的社会人际关系。

2. 明确创新创业教育的目标，强化思想政治教育引领

所谓创新创业教育，其核心是在推进素质教育的过程中，培养艺术设计类大学生创新意识、精神及创业能力。其目标可以分为两类，一类是共性目标，另一类是个性目标。共性目标是开展创新创业实践的基础，包括创业的先天因素，即创业天赋和后天通过学习和影响所形成的创业能力和部分创新创业人格。个性目标则是通过培养艺术设计类大学生的开创性教育，它包括洞察力和决策力、意志力和创新力以及适应能力和交际能力等。

两者要在教育目标上进行融合，就必须在创新创业教育过程中引入社会主义核心价值观作为价值引领，端正以往创新创业教育"功利化""窄化"的问题，在关注知识、技能的同时，要注重正确价值取向引领，注重学生自身创新创业人格的成长，最终实现全面自由发展、素质教育。

习近平总书记在全国教育大会上强调，要在坚定理想信念上下工夫，引导学生立志肩负起民族复兴的时代重任。"价值观"是人基于思维、感官对世界作出的

理解或者选择，是从事社会活动最直接的个人价值标准，对于认识、改造世界起着决定性作用。我国高校面向全体大学生进行创新创业教育，其目的并不是让所有毕业生都进行自主创业活动，而是为培养与创新创业人格相关的创新意识、道德品质、创业能力等，从而弥补我国传统教育方式自身的局限性，使得大学生得到全面自由的发展。但是在现实高校创新创业过程中，受错误理念影响，存在着明显的重智轻德现象。"立德树人"作为高等院校的根本任务，必须贯穿于创新创业教育的全过程。要重视对艺术设计类大学生综合素养的培育，在丰富学识、培养艺术设计专业技能的同时，要在培养价值观上下工夫，磨砺坚忍不拔的创业精神、积极乐观的创业态度、锐意进取的创新思维。将创新创业教育真正融入素质教育和人才培养体系，从而造就有理想、有道德、有纪律的社会主义建设者和接班人。

（二）课程体系中相互融合

1. 发挥思政课主渠道作用，提升艺术设计类大学生创新创业素养

全面贯彻习近平总书记在学校思想政治理论课教师座谈会上的重要讲话精神，将思想政治理论课办成"立德树人"的第一课。社会主义核心价值观培育在高校思想政治理论课建设中具有重要的地位，课堂教学是高校育人的最基本途径，要利用课堂教学主渠道的优势，实现社会主义核心价值观培育与高校创新创业教育融合。

要实现两者在课程体系中融合，就必须通过思想政治理论课提升艺术设计类大学生创新创业素养，在进行价值观培育的同时，鼓励他们投身创新创业实践，并在实践中践行相关内容。一方面，要让艺术设计类大学生明白创新创业不应是少部分同学的课程，或是谋求毕业生计的选择，更不是学校为应付上级领导视察、文件落实的作秀之举，而要自觉树立正确的创新创业观念，认识到新时代赋予自己的历史责任，创新创业正是完成此历史重任的最好选择。另一方面，思想政治理论课在帮助大学生端正政治态度和树立"三观"的同时，在遵循创新创业教育规律的基础上融入特色课程，或是与创新创业相匹配的知识点和实践类课程。

第一，要推动习近平新时代中国特色社会主义思想进头脑，培养艺术设计类大学生国家主人翁意识和责任感，响应时代的号召，走在新时代前列，积极投身

于创新型国家的伟大建设中。第二，要灵活运用马克思主义基本原理，发挥其创新创业思维的开发功能，帮助艺术设计类大学生形成辩证思维，能够在现实创业中发现并解决问题。第三，要重视教材内容的开发。教材作为重要的育人载体，是课程体系的主要构成。它从一定程度上反映了国家意志。构建一个全方位、全要素的教材体系可以为课程体系的未来发展方向提供动力。面对高校艺术设计类大学生，可以在思想政治理论课教材中加入通识教育的内容，通过形势与政策课帮助他们分析国内外政治经济形势，把握国家下一阶段对创业的政策趋势；利用思修与法律课规范自己的艺术设计行为，同时保护自身的利益，形成涵盖经济、法律、管理在内的全方位的创新创业课程内容，重点包括公平正义和法治教育，使掌握法律法规及为人处世等基本素质成为必修课。第四，要重视思政理论课教学方法和环境的与时俱进。高校要重视培养艺术设计类大学生独立思考的能力，开展启发式、讨论式教学，在艺术类课程设计中增设互动环节，以具体的创业故事为依托，潜移默化地讲述、分析其中所体现的社会主义核心价值观，教师在和学生进行头脑风暴的交流时，要开发艺术设计类大学生的创新敏感度，使他们真切地感受到创新创业实践中应该遵循的价值观，从而将社会主义核心价值观作为自身创新创业的价值信仰，将其转化为自身的情感认同和行为习惯之举，并且在此过程中通过不断地互动交流，加深理解。值得重视的一点是，思想政治理论课可以适当改变传统课堂环境，将教学寓于教学情景之中，增强课堂培育效果。对于有地理优势的高校，可以利用学校所在地丰富的历史遗迹，展开现场教学的方式使得学生多角度体验中华民族共和国成立以来，至改革开放、再贯穿到新时代发展理念的变迁；对于地缘周围没有历史资源的高校，可以借助 VR 技术，通过虚拟现实的沉浸性体验，让艺术设计类大学生们上天入地感受大国重器、让同学们重走长征路体会革命的艰辛、让同学们从浦东走到前海感受祖国的昌盛，这些手段不仅使艺术设计类大学生能深入了解教材内容，也能提升思政课的吸引力，从而增强爱国意识，明确大学生身负的责任，也激发了创新创业的热情。

2. 艺术设计结合实践，艺术教育融入思政

艺术设计既来源于生活，又还原生活，与社会生活实践紧密结合。它将从自然与社会生活中提炼出来的艺术形式美感再次融入并返还于社会生活的相关设计，使之既具有审美功能，又兼具引导性、辨别性与独特性。它能够与社会文化

思想活动紧密地联系结合，体现现代艺术形式、诠释传统文化艺术、传递物质生活信息、展现精神文明成果。高等院校艺术学院在专业创新创业教学中必须慢慢摸索出一条现代艺术与优秀传统文化及思政相融合的新路。

（1）学科育人借鉴传统艺术。借助得天独厚的地域优势，重视对当地艺术形态的学习汲取。为了加深学生对中华优秀传统的理解，让学生更加充分地汲取中华优秀传统文化精髓、拓展艺术思维，举办"艺术节"系列活动，引导艺术设计类大学生开展爱国主义教育，提升学生的爱国情怀与文化自信，从学科育人的角度上好一堂生动的实践课。

为了加强互动，艺术节期间，还可以举办相关的文创产品设计大赛，引导艺术设计类大学生运用优秀传统文化元素设计作品，从当地经典剧目的角色、服装、方言、装扮、当地建筑的特色、结构等方面探索、发现、吸取、提炼出具有家国情怀的元素，并且加以融合创新，将富有地方特色的艺术符号运用于文化创意产品的构思、分析、设计、创作、修改、整合，作品涵盖文创旅游产品与创意手工制品，既具有地方文旅特色与文化内涵，又富有家国情怀。

（2）艺术创作联系社会实践。在艺术设计类大学生创新创业教学中重视社会实践，让艺术的形式美感不脱离实际，与社会主义乡村振兴和经济发展紧密结合在一起。

例如，成都理工大学传播科学与艺术学院艺术设计系助力乡村振兴服务队赴江油市开展"'童'心同行，'艺'起向未来"活动，成功入选2022年"推普助力乡村振兴"全国大学生暑期社会实践志愿服务活动；2022年5月，四川省高校廉洁文化教育基地"育廉馆"正式开馆，艺术设计系师生团队承担了该馆标志设计工作；2022年，与彭镇共建文化艺术创作实践基地，让地方优秀传统文化有机融入课堂，丰富艺术设计类大学生艺术创作灵感。

此外，艺术设计创新创业专业教学可以长期以大学生实习为契机，与政府部门、企业接轨，开展标志设计、IP设计、包装设计、文创设计等的设计项目。通过一次次实习活动，既培养学生的创造性思维、实际动手和实践能力，又提升学生的综合设计水平，在助力乡村振兴与设计相结合的同时，又增强了艺术设计类大学生作为当代设计师的使命感。

（3）艺术活动融入思政目标。艺术设计专业创新创业教学强调思政与理论教学和实践教学的有机融合，秉持"贯穿始终，润物无声，入脑入心"的课程思政教学理念，落实立德树人根本任务，不断探索教学内容与教学方法的改革与创新，持续提高教学质量。

团结引领青年坚定不移跟党走，增强艺术设计专业学生党员的光荣感和使命感，充分发挥学生党支部、团支部的战斗堡垒作用，专业教学可以结合专业特点和优势，在全院学生党员、团员中广泛开展各项主题教育与实践活动，让各学生党支部积极响应、充分动员，结合专业开展一系列内容丰富、形式多样的活动。例如，可以围绕"以青春之笔描绘美丽中国"主线，收集并展示反映时代特点、弘扬爱国主义、体现社会主义核心价值观的艺术作品，表现新时代新征程中的美丽中国。还可以为喜迎中国共产党百岁华诞，点燃艺术设计类大学生知史爱党、知史爱国的创作热情，设计专业学生党支部举办"学党史、守初心、担使命、践行动"主题教育系列活动之"我心中的优秀党员，画笔下的先锋模范"作品展，以原创绘画作品的形式，向优秀共产党员致敬，学习他们的事迹和精神，让党史学习教育入脑入心。

（三）校园文化中相互融合

1. 培育根植于社会主义核心价值观的校园创新文化

党的十九大提出要倡导创新文化，同时也提出要培养时代新人，这为校园文化建设和培养创新型艺术人才提供了明确导向。人创造环境，同时环境也育人。校园文化具有教育、管理、熏陶等功能，其环境的优劣直接影响着创新型艺术人才的造就。

要积极发挥社会主义核心价值观在艺术设计类大学生创新创业教育中的浸润功能，以文化育人。创新文化是创新创业实践得以进行的文化生态，是孕育创新思想、培养创新艺术人才的沃土。社会主义核心价值观为校园创新文化提供了价值指引，校园创新文化也为社会主义核心价值观提供了现实依托。营造健康、积极、向上的校园文化能够激发大学生奋勇前进的精神和坚韧的心理素质。长期浸润于这样的校园文化中，会内化艺术设计类大学生的价值标准和行为方式，对以后的创新创业实践行为产生深远影响。

高校本身悠久的历史就蕴含着丰富的创新文化，要讲好故事，才能传播好声音。一方面，高校要推广校训、校史文化，将其中关于社会主义核心价值观的内容融入艺术设计类大学生日常开展的活动；另一方面，高校要不断完善校训、校史识别体系，梳理学校历史发展脉络，开发高校的红色资源、建校及发展过程中创新发展的故事、校办企业实现转型升级或是优秀校友的创业故事等文化资源，将其中催人奋进的创新创业故事，以生动有趣的故事、漫画或视频图像等多种话语形式展示给艺术设计类大学生，声情并茂地讲述发生在身边催人奋进的创新创业故事，构建生活化的话语体系，以大学生所喜欢的话语体系方式呈现，通过潜移默化的隐性传播至他们内心深处，不断激励艺术设计类大学生以社会主义核心价值观作为价值引领，真正增强创新创业教育的说服力。此外，要重视对校园周边环境进行整治，不能让违反社会主义核心价值观的经商行为、社会活动或者不良生活作风和习气间接影响艺术设计类大学生的言行。

2. 开展形式多样的校园创新创业活动以及宣传方式

传播效果和认同程度是培育效果的关键，大水漫灌式的传统教育表达形式会引起社会主义核心价值观的分化和弱化，单一说教、填鸭的方式容易使得大学生产生反叛心理，影响培育效果和认同。软传播借鉴了"生活即教育"的隐性德育思想，它以间接的、渗透的方式对艺术设计类大学生进行培育，影响效果也更深刻和持久。

两者在校园创新文化建设融合中，可以开展形式多样的赛事、展览、社团等活动，借助软传播的优势，弥补硬传播的不足。创新创业文娱活动不同于创新创业课程，但又同属于创新创业教育的重要组成，开展形式多样的创新创业大赛、创客作品展、文化节等活动，有助于提高艺术设计类大学生的创新创业实践能力，激发艺术设计类大学生的好奇心和创业意愿，磨炼他们顽强的意志，养成良好的创业道德规范，为他们了解社会创业实践增添了渠道。

高校要组织艺术设计类大学生积极参加"挑战杯"、大学生创业计划竞赛、"互联网+青年红色筑梦之旅"等创新创业实践活动，唤醒他们参赛的欲望，通过竞赛和作品展示，调动他们进行创新创业实践的积极主动性，通过进行创业项目选择、编写创业计划书，提升创业所需一整套能力的现实运用，在实践活动中激发创新潜能，强化核心价值观引领。另外，高校还可以通过举办创客作品展、设立文化节等活动形式，使得创新创业成为艺术设计类大学生日常学习、生活的重要组成，在节日的欢快气氛中熏陶优秀的创业价值观，并在他们彼此间相互传递、弘扬。在此基础上，要充分利用上述的环境氛围铺垫，协助艺术设计类大学生成立各级创新创业社团组织，把工作开展到学生内部，鼓励全校大学生共同参与，而不是局限于个别同学或是小部分群体中，要打破以往多以院系、年级和专业的模式，扩大创新文化影响覆盖面，激发大学生兴趣，提高大学生参与度。

3. 主动优化网络舆论阵地，推广优秀校友创业案例

《关于培育和践行社会主义核心价值观的意见》中要求"建设社会主义核心价值观的网上传播阵地"。随着网络的不断发展，互联网已成为艺术设计类大学生了解世界、沟通世界最重要的媒介，并对他们的思考方式、价值观产生着巨大影响。面对不可逆转的社会转变、转变观念，重新审视网络对于艺术设计类大学生教育的作用和影响，紧跟时代的变迁，更多了解他们所喜闻乐见的方式，引导与形成良好的融合，寓教于乐，提升他们的参与度，加强对正确创新创业价值取向的理解与认同，并内化为自觉行动。

随着5G时代的到来，高校要适应新事物，在两者融合中积极利用好网络新媒体，主动抢占网络舆论阵地。通过学校创业服务网、创新创业学院官网、"两微一端"、抖音、快手等短视频平台多渠道在生活中影响艺术设计类大学生的创业价值取向，为促进艺术设计类大学生认同提供平台。首先，要夯实意识形态的领导地位。以弘扬创新主旋律、传播创业正能量为手段，社会主义核心价值观和传统文化为载体，数字媒体专业的学生可以积极创作适合艺术设计类大学生并被他们所喜爱的网络文化作品，营造积极健康的创新创业氛围。其次，营造风清气正的网络创业空间，做好重大创新创业信息的发布，及时回应艺术设计类大学生实践中切身关注的问题，针对网上散播的有关创新创业的虚假信息，及时更正，依法治理。最后，探索与区域特色融合的利益契合点，建设一批具有地方区域特色的创新创业在线课程。例如，广西高校共建的"漓江学堂联盟"，通过合力开发具有当地旅游特点的线上课程，实现课程资源开放共享。

此外，要充分利用新媒体宣传艺术设计类大学生身边的创业正能量，拉近典范与普通大学生的距离。通过推广优秀校友的创业典型，发挥朋辈教育和自我教育的功能，使得模范榜样的力量历久弥新，持续在艺术设计类大学生群体中发

光、发热，影响周围的人将创新创业的理念深入内心。高校宣传主管部门要紧抓优秀典型身上的发光点，鼓励以艺术设计类大学生以核心价值观作为创业价值取向，提升实效。

（四）评价体系中相互融合

习近平总书记在全国教育大会上指出，要健全立德树人落实机制，扭转不科学的教育评价导向，从根本上解决教育评价指挥棒问题。随着国家对创新型人才需求的不断增长和质量的不断提高，高等教育"双一流"建设加快的推进，教育评价标准体系也应该因势利导，顺势而为，适应新时代的要求。评价体系标准是改进、提高的基础，是学科和学术发展的指挥棒，也是教育工作者从事学科建设和坚守学术方向的导航仪。要提高社会主义核心价值观培育与创新创业教育的融合效果，就必须以科学、全面的评价体系为基础。中国特色社会主义高校创新创业教育并不是功利性的，其目的在于培养高素质的创新型人才。所以，评价不能以成功率、效益作为依据，要严格贯彻落实教育部关于清理"五唯"的各项要求。

在新的评价体系标准中，高校要重视创新型人才的标准，不应该唯成绩来考核评价大学生，要将"德智""才智"一同纳入绩效指标，既要考虑成功率和可行性，也要凸显艺术设计类大学生在创新创业实践过程中的社会责任感与创业行为的价值评价。对于一些没有成功的项目或者经济效益不理想的项目，对于其中的创新理念和创新模式需要给予肯定和鼓励，对于艺术设计类大学生创新创业既要有奖励机制，还要有容错机制，需要帮助他们建立起自信心，培养坚韧不屈、奋勇向前的开拓精神。重点要增加在创业精神、创业道德层面的衡量指标，使得个人价值和社会价值获得统一，即在使学生获得成长成才的同时，也有益于社会的发展。高校要在校园范围内建立创新创业道德评价记录档案，将艺术设计类大学生在创业实践中的个人信用、环保观念、德行品格等纳入评价标准。在日后评优时充分考虑这些因素，回归教育的本质和初心。如此，每一名艺术设计类大学生的行为都记录在案，有迹可循，对本人有警醒、督促的作用，对他人也有鞭策、勉励的作用，在大家共同的见证下，不断完善自己在创新创业实践中对社会主义核心价值观的践行，反之，也是对艺术设计类大学生社会主义核心价值观的间接培育，如此往复，不断加深融合，提升效果。

新时代背景下，高校既要为创新型国家建设输送人才，也要落实"立德树人"的根本任务。将艺术设计类大学生社会主义核心价值观培育与创新创业教育融合，有助于明确教育价值目标、提升价值观培育实效、规范创业行为，培养时代新人。首先，在教育目标上，高校应摒弃传统重技能教育、轻价值培养的旧思维、更新理念，落实"立德树人"根本目标，促进艺术设计类大学生全面自由发展；其次，在课程体系中相互渗透，发挥思想政治教育的育人功能；再次，通过校园文化建设，形成文化育人的氛围，此外，要注重在课内外实践中培育，通过开展形式多样、丰富有趣的活动，让隐性德育在潜移默化中培育艺术设计类大学生正确的创新创业价值取向，增强时代感和实效性；最后，建立科学的评价体系，真正能够客观、全面地了解培育结果，为实施下一步创新创业教学提供参考。

第三节　"非遗文化"融入艺术设计类大学生创新创业教育

一、什么是非物质文化遗产

非物质文化遗产具有的最大特点就是民族性。非物质文化遗产在我国的文化遗产中占据了非常重要的地位，其存在承载着整个中华文化的发展历史。非物质文化遗产所体现的是我国民族独特的思维方式，体现着当时的时代特点、文化意识等。非物质文化遗产是我们民族宝贵的精神财富，因此，在高等院校艺术设计类大学生创新创业实践活动中，重视非物质文化遗产的继承与发扬，可以更好地体现中华民族的创造力以及生命力，将非物质文化遗产渗透在艺术设计类大学生创新创业实践的方方面面。

二、以"非遗文化"打造地方特色大学生创新创业教学的思路

1. 高校创新创业教育课程融入地方非遗文化的重要性

近年来，国家经济发展稳定、人文教育普及、文化产业兴盛，创新人才大量缺失，整个社会才意识到创新创业型艺术人才与社会发展的高度关联性。而非遗文化作为中国传统文化的一部分，若仅仅是形式上的传承与发展，必将在漫漫历

史长河中消失殆尽。高等教育应当以塑造艺术设计类大学生创新、创造素质为目标，契合社会发展需求，适应和引领国家经济、文化发展的新时代。非遗文化是世界的，也是地方的。它源于地方文化，长于地方文化，更应融于地方文化。一方面，地方非遗资源不仅可以为高校艺术设计类大学生提供大量的设计灵感和创作素材，还能有效提升艺术设计类大学生创新创业项目与相关扶持政策的契合度。另一方面，高校创新创业型艺术人才的培养，将为地方非遗保护和传承工作提供强有力的人力支撑，使非遗产品更加贴近生活，让非遗故事更加深入人心。因此，在高校艺术类创新创业教育课程中融入非遗文化是时代发展的必然结果，对地方非遗文化形成良性保护与发展模式具有非常重要的意义。

2. 高校创新创业项目要兼容地方非遗精粹与新兴元素

地方非遗的传承离不开符合当地特色和历史语境的创新。当前，非遗文化在创新性上存在以下不足：

(1)某些项目仍保持非遗原生态的面貌，无论是形式还是内涵都不能满足现在人们日益提升的审美需求。

(2)部分非遗产品文化附加值赋能偏低，市场化发展态势疲弱，不能满足时代的发展需求。由此可见，"非遗文化"的传承与保护，应当进一步融入当代艺术、现代设计和本土文化元素，将非遗文化转变为艺术设计产品走入寻常百姓人家，让更多的非遗商品能够讲述非遗故事。因此，通过非遗项目走进校园的活动，让学生们参与和体验"非遗文化"中承载的包含口头传说、服饰、技艺、手工艺、民俗等在内的集体文化记忆，并将其融入高校创新创业艺术设计课程的教学实践当中，让艺术设计类大学生创新创业项目融入地方非遗精粹，为非遗文化赋予当代新兴元素。

三、"非遗"传承视域下艺术设计类大学生创新创业教育路径研究

(一)教育愿景：新时代教育理念与政策的倡导

1. 新时代高校艺术设计类大学生创新创业教育工作的需要

全面发展是新时代的教育要求，而大学生创新创业教育作为现代教育的重要组成部分，与其他教育领域是相互促进的关系。大学生创新创业不仅包括艺术教

育、实践教育，而且还包括情感教育，以潜移默化的方式影响艺术设计类大学生的志趣和人格修养。长期以来，我国学校艺术设计类大学生创新创业教育常常体现为音乐、艺术、舞蹈等单一艺术学科的教学，缺乏当地文化特色。新时代下，我国高校艺术设计类大学生创新创业教育应以中华传统文化为底色，充分利用地方的民间"非遗文化"资源，形成具有特色的学校创新创业资源，强化艺术设计类大学生的文化主体意识。

2. 课程改革发展的需要

首先，艺术设计类大学生创新创业课程以对视觉形象的感知、理解与创造为特征，是大学生创新创业教育的主要途径。因此，艺术类创新创业课程不仅要教会艺术类学生绘画、艺术设计技巧，而且还要提升他们的思想境界，引导学生发现美、欣赏美、创造美、感知美、传承美。

其次，课程改革要求积极开发地方艺术课程资源。对地方性非遗艺术课程的开发，属于创新创业教育课程改革的范畴，这就要求创新创业教育的艺术设计专业教师紧跟教育政策与时代的发展，充分了解地方文化资源并挖掘艺术设计教育资源，开发具有当地特色的课程。如重庆市荣昌折扇制作工艺属于非遗中的传统技艺类，因其具有精致典雅、实用美观等优点，成为我国传统艺术工艺的代表产品，并被国务院列为国家级非物质文化遗产保护名录。当地的高等院校就可以充分利用荣昌地区非物质文化遗产资源，将荣昌折扇纳入地方艺术设计创新创业课程教学中，发挥地域性非物质文化遗产的教育价值。

（二）变革路径：以非遗艺术促进学校美育发展

1. 非遗艺术的价值认知

一方面，非遗艺术作为人类历史长河中宝贵的文明财富，其本身具有重要的价值。首先，非遗艺术具有丰富的文化价值，是国家民族文化的符号，有利于促进世界多元文化之间的交流。其次，非遗艺术具有丰富的历史价值，体现了人类文明的发展历史。再次，非遗艺术具有重要的精神价值，蕴含着民族的精神特质，反映了不同民族的精神世界。最后，非遗艺术具有艺术价值，以实用性艺术、美学艺术作为典型。值得关注的是，非遗艺术具有丰富的教育价值，通过引导艺术设计类大学生了解非遗艺术，有利于提高艺术设计类大学生对本民族文化的认同，增强文化自信和民族自豪感；通过深耕非遗资源与教育的契合点，有助于培养艺术设计专业学生正确的审美取向、不断提高审美意识。

另一方面，通过开发非遗艺术课程，能够落实当地传统文化的传承，弘扬地方优秀传统文化。非遗艺术具有广泛的群众性和地域性，不仅体现了对中华优秀文化的认同，而且反映了民族传统文化的回归。非遗艺术作为优秀传统文化的重要载体，其传承方式以师徒传承为主，但随着时代的发展变化，非遗艺术将会以延续、转化和局部消亡这三种形态发展。为避免文化的割裂，如何更好地延续非遗艺术是我国学术界一直关注的话题。地方自然资源和文化资源在一定程度上影响着当地高等院校的办学特色，因此结合课程的实际需要和师生的实际情况，开发和利用地区文化资源，将其转化为能够代表地方特色的艺术课程资源，有助于丰富大学生创新创业课程的内容，增强学校传承非遗艺术的责任感。

再以荣昌地区非遗项目为例分析非遗艺术的价值，"荣昌折扇进校园"致力于促进学校大学生创新创业教育的发展，其价值主要分为两个方面：一方面是从文化的视角来看，将荣昌折扇融入大学艺术课程中，能够培养艺术设计类大学生的审美能力和文化认同感。因此，将非遗艺术引入大学生创新创业艺术教育中，学生通过了解荣昌折扇的传统工艺，了解地方传统文化，感受地方文化艺术的特色，增强了他们对地区传统文化的认同感和归属感，培养艺术设计类大学生热爱优秀传统文化的价值观。在艺术教学中，教师可以组织学生前往折扇基地进行学习和实践，让学生亲身感受地方传统文化的魅力，加深学生对区域传统文化的理解，同时可以引导学生对荣昌折扇的创作工艺以及扇面进行欣赏，引导学生结合现代审美标准和设计理念参与折扇的设计、制作和绘画，激发学生学习地方非遗的内驱力，鼓励学生动手操作、大胆创作，最大限度地开发学生的潜能。另一方面是从创新创业课程资源的视角来看，将荣昌折扇纳入大学艺术课程中，能够丰富课程内容，为艺术设计课堂注入内容丰富、形式多样的课程资源，强调通过开发地方艺术课程资源，运用社会文化资源引导艺术设计类大学生参与非遗文化的传承，并结合多种感官感受传统工艺中蕴含的历史文化及制作过程，还可以邀请非遗传承人走进校园、走进创新创业课堂，向学生讲述他们作为折扇传承人的故事以及工匠精神。

2. 非遗艺术课程资源的转化

（1）如何选择非遗艺术资源。非遗艺术资源的种类繁多，如何选择具有可行性且适合艺术设计类大学生认知发展特点的非遗资源是课程转化的前提条件。非物质文化遗产主要有传统文化表现和文化空间两大类，其中传统文化表现形式主要有传统手工艺、传统书法、传统表演艺术这几种类型。根据非遗的几大类别可以划分出以下四种艺术课程资源：创造主题资源、传统手工艺资源、民间艺人资源、手工材料资源。

正如中国艺术家协会谢丽芳所主持的"蒲公英行动"项目，该项目通过利用地区非遗资源和民间艺术资源，致力于丰富地区艺术课程材料，让民族地区的学生树立文化自信。可见，非遗艺术就是以因地制宜、就地取材、文化先行作为创新创业课程开发理念展开实践。非遗资源的选择亦是如此，教师需要充分了解所在地区的非遗文化，并通过实地考察，根据非遗资源的分类选择具有可行性和代表性的当地资源作为创新创业艺术课的教学主题，创设学生熟悉的教学情境，让艺术设计类大学生通过艺术课程了解当地非遗艺术，帮助学生培养乡土情怀，产生热爱家乡文化的情感。

（2）如何转化非遗艺术资源。在艺术设计创新创业课堂中，开发和利用地域性非遗资源具有非常重要的意义，而非遗资源不等于艺术课程资源，需要经过一定的转化过程，即通过其价值和功能的分析、教育资源转化的论证、课程内容与方法的设计等过程，从而使地域性非遗资源上升到课程资源的高度。根据课程目标，可以将非遗资源划分成四个可行的课程内容：非遗的造型与表现、非遗的设计与应用、非遗文化的欣赏与评述、非遗的综合与探索。

以荣昌折扇为例，对荣昌折扇教育资源转化进行论证分析。荣昌位于重庆西部，悠久的历史、便利的交通和丰富的物质资源都为荣昌非遗的产生创造了很好的物质基础和社会条件，在人们的生活和历史发展中形成了以荣昌折扇、荣昌夏布、荣昌安陶为代表的非物质文化遗产。荣昌折扇作为当地三宝之一，承载着当地优秀的文化基因，是荣昌人们生活习俗、审美观念和精神世界的缩影，并因其具有精致典雅、实用美观等优点，成为我国传统艺术工艺的代表产品。荣昌折扇作为传统艺术手工艺门类，与川渝地区的民俗生活和历史文化关系密切，因而除了人文历史性，还具有视觉艺术、手工制艺、审美鉴赏等特点，能够满足艺术设计类大学生创新创业艺术课程的教育性和实践操作性要求，且荣昌折扇的制作材料容易获得，这都为创新创业艺术课程资源的转化提供了前提条件。根据文化资源向课程资源转换的流程，荣昌折扇非遗文化资源向艺术课程资源转化的过程可分为以下五个步骤：一是寻找当地器具或艺术品——荣昌折扇。二是分析该非遗资源与当地人生产方式的关系和价值观——荣昌折扇是实用性和工艺性相结合的佳品，因图案精美以及做工精湛而受到人们的喜爱，是当地人民社会生活、社会实践、价值观念的缩影，凝聚着荣昌地区世世代代相传的传统文化表现形式。三是分析该非遗资源的美学特征——荣昌折扇图案精美、色彩鲜艳、做工精湛、寓意深刻，有严格的制作工序，且每一个工序涉及不同的工具和材料。四是分析该非遗资源的教育功能和价值。通过开发荣昌折扇非遗课程，能够培养艺术设计类大学生的审美能力、绘画能力、操作能力，同时有助于学生们了解荣昌折扇非遗资源的文化意蕴和审美品质，进而培养对家乡传统文化的热爱。五是教育资源转化论证：根据荣昌折扇和创新创业艺术课程之间的结合点，可以将荣昌折扇非遗课程分为折扇绘画、折扇鉴赏、折扇制作。随着大学生创新创业课程的不断深入，学生们可以尝试完整地学习荣昌折扇的制作方式，从而让学生对其文化意蕴和审美价值有更深刻的认识。

第四节 "工匠精神"融入艺术设计类大学生创新创业教育

2016 年到 2018 年，"工匠精神"被三度写入政府工作报告。不仅如此，在党的十九大、中央经济工作会议以及两会中都可以听见呼唤"工匠精神"的伟大声音。"工匠精神"在近几年来多次出现在党和国家领导人讲话以及国家重要的会议中，足以看出当前国家在宏观层面上对"工匠精神"的传承以及弘扬的重视程度。高等院校作为培养高素质艺术人才的重要基地，理应承担起对艺术设计类大学生进行"工匠精神"培育的伟大使命。

一、艺术设计类大学生创新创业教育融入"工匠精神"的意义

在党的十九大报告中，习近平总书记曾提出："建设知识型、技能型、创新型劳动者大军，弘扬劳模精神和工匠精神，营造劳动光荣的社会风尚和精益求精的敬业风气。"近年来，习近平总书记多次在讲话强调"工匠精神"的引领作用，

表示"工匠精神"是民族精神和时代精神的生动体现；要在全社会弘扬"工匠精神"，激励广大青年学生走技能成才、技能报国之路。

1. 在艺术设计类大学生创新创业教育中融入"工匠精神"，有利于深化高等院校艺术设计类大学生创新创业人才培养模式的相关理论

高等院校艺术设计人才培养模式指在一定教育观念的指导下，人才培养目标、规格、方案等要素的组合，其影响着高等院校的未来发展模式，通过对"工匠精神"的基本内涵、历史溯源加以分析，可以为高等院校人才培养目标中专业能力目标、创新观念素质目标、职业道德素质目标等提出新标准；通过对"工匠精神"缺失的影响因素与培育路径进行分析，可以为高等院校的艺术设计人才培养方案中专业教学与大学生创新创业实践相结合的模块内容提供一定的理论借鉴作用。

2. 在高校艺术设计类大学生创新创业教育中融入"工匠精神"，有助于艺术设计类大学生提高综合素质

随着互联网的普及，当代艺术设计类大学生很容易受到多种形式的社会思潮冲击，正处在世界观逐渐定型的关键时期，其中一部分学生鉴别能力较差，不能选择和坚定正确的价值观念，在现实的学习生活中易表现出缺少社会责任感、缺乏理想信念、对中国道路不自信等状态。"工匠精神"蕴含的内在教育价值助力艺术设计类大学生养成对待事情严谨细致、精益求精、寻求突破的精神品质。因此，对艺术设计类大学生进行"工匠精神"培育工作将有助于艺术设计类大学生提升思想高度，提高综合素质，成为具有中国特色与实力的应用型人才。

3. 在艺术设计类大学生创新创业教育中融入"工匠精神"，有助于进一步完善和推动高等院校思想政治教育工作发展

通过对高等院校艺术设计类大学生"工匠精神"的现状调查分析，了解高等院校艺术设计类大学生当下思想动态、行为动态，能够以现实数据作为支撑，为大学生创新创业教育教学提供新的切入点，同时，"工匠精神"培育为更新高等院校艺术设计类大学生思想政治教育提供新的内容素材，提供新的教学方法，能够推动思想政治教育与大学生创新创业教育实践相结合，从而不断增强高等院校思想政治教育的实效性。

二、"工匠精神"的内涵和当代价值阐述

(一)"工匠精神"的内涵

1. 认知层面：爱岗敬业的奉献精神

"工匠精神"中爱岗敬业的奉献精神既是对实践工作所提出的基本要求，也是新时代职业道德规范的基本追求。"爱岗"为"敬业"之基石，"敬业"为"爱岗"之升华。爱岗就是人们对本职工作有高度认同与高度热情，有踏实肯干、坚持初心、兢兢业业、恪尽职守的工作责任感与职业精神。敬业则是人们对本职工作的道德价值有充分的认知，具有对自身职业的荣誉感，具有将集体利益放在首位的大局意识与奉献意识，它与社会主义核心价值观当中的公民个人层面的价值标准高度契合。"工匠"在爱岗敬业的奉献精神的不断引领下，能够通过点滴日常，练就更高超的技能本领，能够通过基本"出发点"，不断塑造新的智慧结晶，即通过平凡，成就伟大。

2. 意志层面：耐心专注的坚守精神

所谓初心易得，始终难守，"工匠精神"正是对初心的一种不懈坚持与执着坚守。"工匠精神"中耐心和专注的坚守品质是一名合格"工匠"必备的职业素养。干将莫邪十年磨一剑，正如一件精致完美的作品，它依托于每一名工匠的长期抵制外界的干扰，依托于工匠每一个精雕细琢的环节。相对于设计者与艺术策划者而言，工匠是一名实践操作的人员，为了达到高标准的设计要求，其必须有长时间坚持把一件事做到尽善尽美的决心。这种坚守体现于每一位工作者在工作情境中对实践操作本身专心致志、一丝不苟、聚精会神的全身心投入，更体现于工作者自身对工作的长久历练与业精于勤的职业素养。"工匠"可以通过长时间对自身工作每一个行动环节进行意志的磨炼，塑造耐心专注、从一而终的良好品性，从而实现知行合一的职业理想。

3. 态度层面：精益求精的专业精神

精益求精的专业理念是指"工匠"在长期专攻某领域的过程当中，能够不断提升专业能力，完善专业技能，实现自我发展，它是"工匠精神"的核心内涵，也是工匠从艺的基本宗旨。从技艺层面来看，一名合格的"工匠"应该对每件产品的每

个环节与工序都细致严谨，追求完美，注重产品质量与品质的不断提升，形成追求极致、寻求超越的职业素养。从精神境界的层面来看，"工匠"应内化"工匠精神"，通过对"有形"的产品来表达对"无形"的情感和精神自由的充分尊重和对"美"的深刻感悟，其对自身专业能力的不断提高与超越已不局限于谋生，而是为了实现更高层次的人生价值与职业理想。"工匠"在精益求精的专业理念的支撑下，能够做到长期打磨技艺、积累经验。

4. 信仰层面：勇于创新的实践精神

时代在进步，事事在变化，一成不变则是退步，但发展离不开创新的支持。"工匠精神"中勇于创新的实践精神是"工匠精神"中的最高层次，是"工匠精神"的"匠魂"，它是工匠技艺传承发展的稳固基石，是新时代伟大的实践中工匠的必备素养。这表明，"工匠"不能日趋保守，墨守成规，而是应该将理论联系实际，始终怀揣着问题意识，并对创新实践抱以高度热情。"工匠"需能够在传承传统工艺的基础之上融合新的技术，即在技艺与文化的不断沉淀与融合中，在持续的钻研与突破中实现自己的个人价值，做走在时代发展前列的开拓者。从国家层面出发，勇于创新的实践精神不仅与五大发展理念中的创新理念高度契合，而且是国家与民族始终保持长久生命力、竞争力的动力源泉。在日新月异的今天，具有勇于创新的实践精神的"工匠"攻坚克难，精进不休，为"中国创造"的发展与进步奉献出自身全部能量。

(二)"工匠精神"的当代价值

改革开放以来，虽然我国制造业快速发展并取得了一定成就，但是距世界先进水平还是有一些不足，主要体现在"大"而不"强"、自主创新能力低等方面，所以我国制造业的转型升级是当前的重要任务。而这一国家背景呼唤"工匠精神"的回归，也呼吁具有"工匠精神"的能够为社会创造财富的技能型人才的输入。所以当下，"工匠精神"的传扬与培育之路势在必行。

过去，"工匠精神"是中华民族辉煌文明的精神力量；当前，"工匠精神"仍然是中华民族气韵风骨的魅力所在，仍然是中华儿女继续前进、追求"中国梦"、寻求"伟大复兴"的不竭动力。今天我们重新解读、继承发扬"工匠精神"时，不应局限于技能层面与工具理性层面，而是站在时代的新思维角度、站在全球思维角度来深度挖掘"工匠精神"蕴含的丰富内涵与时代价值,将"工匠精神"与中国实际、民族立场相结合,使"工匠精神"这一优秀文化基因在新时代得到进一步的升华。综上,"工匠精神"在当今的回归与升华不能一蹴而就,而是需要时间的积累,需要高等院校艺术设计类大学生们共同努力,让其焕发出新时代的灿烂光芒。

大学生创新创业教育是培育"工匠精神"的重要阵地,对教学内容加以优化、对校园文化深耕营造以及在校企双方的融合和现代学徒制等方面下工夫。艺术设计类大学生创新创业教育中若可以营造浓厚的"工匠精神"氛围,从职业能力、专业技能方面等多设计筹划,可以为学生就业发展提供动力,从注重加强技能比赛等方面入手,从而为"工匠精神"成为思想引领打好坚实基础。

三、艺术设计类大学生创新创业教育"工匠精神"培育对策研究

(一)整合大学生创新创业"工匠精神"培育多方资源

1. 转变育人理念,关注职业精神培养

艺术设计类大学生创新创业的育人理念,是实现其艺术设计人才培养目标的基础。在"互联网+"时代,"工匠精神"的地位正在不断回归,"工匠精神"的时代价值正在不断被认可,而高等院校作为"工匠型"艺术人才培养与输出的重要基地之一,不应该忽视"工匠精神"这一职业精神的重要作用。这就要求高等院校的管理者和教育者要扭转"一次性"教育理念,深刻地钻研、体会、领悟"工匠精神"的新时代价值,提高思想认识,在已有的办学理念、育人理念的基础上,重新完善、树立职业精神培养理念,对于"工匠精神"给予一定的重视,为"工匠精神"提供可持续发展的平台,从而加快高等院校的高质量发展,提高人才输出质量。

高等院校要把教育关注的焦点由"职业性"向"职业性"与"教育性"并重转变,立足于将职业道德和职业技能进行深度融合。也就是说,高等院校不仅要注重艺术设计类大学生职业能力的培养,更要关注艺术设计类大学生职业精神培养,充分地实现"工匠精神"的教育价值。高等院校要改革艺术设计人才培养模式,转变人才培养观念,坚持以人为本的育人理念。这就要求高等院校要在向艺术设计类大学生传授基本知识与专业技能的同时,遵循艺术设计人才成长的规律,关注学

生个体成长，满足学生精神需求，将"工匠精神"培育贯穿于高等院校的教育教学中，加强高等院校学生的爱岗敬业精神、耐心专注精神、精益求精精神、创新实践精神。

2. 厚植培育土壤，挖掘课程内容资源

对于艺术设计类大学生创新创业教育来说，若要提升"工匠精神"的培育效果，应该积极地挖掘"工匠精神"优质课程内容资源，借助伟人事迹，将理论知识具象化。

（1）挖掘中华优秀传统文化的教育资源。要深刻认识并挖掘中华优秀传统文化中的"工匠精神"教育资源，以优秀传统文化为依托，利用其中有关"工匠精神"的宝贵思想和实践经验，为艺术设计类大学生创新创业教育提供足够的文化支撑。古代中国有许多手工匠人以精湛技艺为社会发展作出贡献，如：春秋时期工匠鼻祖鲁班、机械发明家马钧、隋代造桥匠师李春等，他们是最经典的"工匠精神"教育榜样，他们的传奇故事、他们对工艺的独到见解、他们身上凝练的职业精神都是非常丰富的教育资源，值得被加以挖掘与应用。而且，中国古代伟大工艺也是"工匠精神"在物质层面的体现，它们无不象征着伟大手工艺人智慧的结晶，也同样可以作为优质的创新创业课程内容资源被应用于教学环节。

（2）挖掘卓越"工匠人才"的优秀事迹。优秀匠人的成功与他们兢兢业业的工作精神、夜以继日的刻苦钻研、孜孜不倦的反复实践、追求完美的极致精神是分不开的，用这样的事例打动学生、感化学生，可以增强"工匠精神"的培育效果。在中国特色社会主义现代化建设道路上，我国各行各业涌现了"干一行，爱一行，精一行"的职业道德模范，它们都是"工匠精神"的鲜活案例，具有很好的示范引领作用。漆器、陶艺、皮影、面塑、刻瓷、烙画等工匠大师的"数十年如一日"的坚持和深耕值得艺术设计类大学生好好学习。

（3）深化校企合作，打造优质育人团队。在艺术设计类大学生"工匠精神"培育工作中，教师是最直接的大学生创新创业教育教学的实施者与推动者，也是引导学生将"工匠精神"的内化逐步深入的外力引导者与示范者。所以，打造一支"工匠型教师"团队对整个培育流程来说是非常重要的，这势必要求艺术设计专业教师在诸多层面提升自身的业务能力与育人能力，切实承担起教育、引导、示范的责任与使命，从而真正诠释"传道授业解惑"的伟大意义。

首先，高等院校应与企业进行深度合作，建立校企双方协同育人制度，建立"教师+师傅"育人团队，利用学校教师理论教学与企业师傅实践教学的交替教育模式，使高等院校艺术设计类大学生养成合格的基本技能与职业素养，这犹如德国双元制职业教育一样，在实训中学生不仅可以紧跟企业需求，而且可以将所学的理论知识得以实践应用。这种创新创业人才培养模式，可以充分发挥教师的课堂教育功能，充分扩大"师傅角色"对学生职业素养的影响作用，让"工匠精神"融入艺术设计类大学生的学习全过程中，通过在思想层面不断地纠正错误观点，在实践层面不断地牢固专业操作，学生将会在理性上对"工匠精神"认知，实际中对"工匠精神"践行。

其次，在"工匠精神"培育视域下，作为一名合格的高等院校教师，不仅要传授学生基本理论知识，还应引领学生在实践中领会知识要义，这就要求教师必须同时拥有理论知识和技能实践双方面的学习经验。当前，除了进一步提高对"双师型"教师入职标准以外，还应注意当前任教教师的素质提升。所以，校企之间应深化合作关系，打造合作项目，真正实现校企人力资源的"双向流动"。一方面，学校可以从企业引进专职与兼职教师人才，让来自基层并有着丰富实践经验的"匠人师傅"走入学校，给学生讲授各个行业最新的技术信息，用榜样示范作用感化与引领学生崇尚"工匠精神"；另一方面，学校也可以将教师送入企业进行深造，增强教师对技术知识的研究能力，提高教师的实践操作水平，丰富教师的企业经历，使教师掌握当前专业的发展趋势，并在基层培训实践中汲取到"工匠精神"的真正内涵，进而让"工匠精神"融入艺术设计类大学生创新创业教学工作中并得以更好地进行。

(二)创建艺术设计类大学生"工匠精神"创新创业教育多样课堂

1. 通过思政课渗透"工匠精神"

第一，思政课教育融感性与理性于一体，这要求教育者在教学过程中不仅要全方位调动学生的情感体验，也要注重理性思维培育，切实做到情理交融。

高等院校思想政治理论课要改革创新，使"工匠精神"更好地渗透于大学生创新创业教育教学中，要求教育者秉承着"三贴近"的原则(即贴近实际、贴近生活、贴近学生)来进行教学，要求教育者在基于艺术设计类大学生的教学时，要实施与其他专业不同的教学方案，采取不同的教学形式与方法，尽量根据其专业特色与行业实际进行个性教育。比如在课程内容选取方面，用学生们关注的行业领军人物来激励其崇尚"工匠精神"，会强化大学生对"工匠精神"的心理认同、逻辑认同、情感认同和思想道德认同。

第二，教育者在高等院校大学生创新创业课程上讲述职业道德教育、创新创业教育、社会主义核心价值观教育等与"工匠精神"有关的课题时，应打破单一教学方式，大力提倡启发式、参与式、互动式等教学模式，以社会热点焦点问题、生动鲜活事例为视角，引导艺术设计类大学生积极展开合作式学习，从而将"工匠精神"融入进思政课教学中。例如，教育者播放完与本节课相关的"工匠精神"教学视频后，可以采取小组讨论的形式，使学生平等沟通、各抒己见，畅谈自己眼中的"伟大工匠"、心中的"工匠精神"，并说出自己与"大国工匠"之间的差距，与追赶差距而付诸实践的具体路径。采用合作学习模式不仅可以活跃教学气氛，也可以使得学生在互动交流中将教育内容真正走脑入心。

第三，高等院校可以邀请"大国工匠"走进思政课堂，也可举办相关先进事迹报告会。大国工匠有一线生产与服务岗位的经验，其具备的高超技能和职业精神是"工匠精神"培育最佳的素材。使学生近距离接触榜样，体会到大国工匠逐步成长的个人发展经历，可以引导其对践行"工匠精神"的向往。与此同时，教师还可以在创新创业课堂中播放如《大国工匠》《非凡匠心》《我在故宫修文物》等工匠文化节目等，使艺术设计类大学生从大国工匠身上汲取成才报国的动力。

第四，发挥创新创业课程的积极作用，举办专题教育活动，即相关的辩论、演出等校园专题文化活动，例如：观看2018年"大国工匠年度人物"，组织学生写观后感；组织学生开展"'工匠精神'与职业理想"的专题宣讲活动；开展"大国工匠"主题演讲会；组织学生参观"技术能手"工作室或有代表性的企业等。通过以上活动，"工匠精神"抽象思想观念由理论教育的过程深化为价值认同的过程，培育效果得到一定提升。

2. 通过专业课养成"工匠精神"

（1）提升学生实践操作能力。因为在动手操作的实际过程、用知识解决实际问题的过程当中，学生能够强化对"工匠精神"的情感体验，所以要注重在实践教学中对艺术设计类大学生职业素养的培养，加强课程的"实用性"。在创新创业实践课中教师要严格要求学生课前认真预习、认真揣摩实践操作，在课程中要按操作步骤、操作规程完成各实训项目，通过对技艺的反复磨炼形成耐心专注、精益求精的专业态度；教师要对学生完成的项目进行严格考核，确保学生保质保量完成，如果学生的项目作品不符合要求，要要求学生重新返工，并提出一定的改进措施，在严格的管理中，学生不仅可以养成严谨的工作习惯，更可以强化优秀职业精神的养成；对于在实践课程中表现优异的学生，教师应捕捉到学生身上的"工匠特质"，并针对这个特质给予高度的肯定与赞扬，使其他学生效仿榜样，充分地认可"工匠精神"对自身职业技能与职业素养提升的重要性。

（2）提升学生创新能力。"工匠精神"的传承和发展离不开创新，而"工匠型"艺术设计人才除了要有扎实的技能以外，还要有钻研创新的能力，在所学知识基础上通过自身独立思考而提出新思维、新方法。所以，在专业课教学中要注重艺术设计类大学生在获得真切学习体验的同时将创新能力得以不断提高。具体来说：教师不仅要指导艺术设计类大学生动手实践，将课堂上所学知识和技能应用于与实践生产相关联的任务上，还要注意引导学生在动手操作的过程中总结经验并发现问题、提出问题，积极开展小组讨论；教师应了解学生的心理特征，开展趣味教学，做到课本知识与社会知识相结合，从而使学生将被动学习转变为主动学习，在发挥主观能动性的同时对知识进行理解、掌握和再更新；教师应始终坚持互动原则，做到在相关课题和实践课程的设计上，激发起学生与自身的探讨交流，使彼此在互相交流想法时碰撞出新的"思维火花"。

3. 通过职业生涯教育启发"工匠精神"

对于学生个人而言，"工匠精神"作为一种优秀的职业品质，是艺术设计类大学生寻求职业进步、实现职业理想的思想保证。在职业生涯规划课程教育中启发艺术设计类大学生的"工匠精神"，既可以增强职业生涯规划教育的感染力，同时也可以引导艺术设计类大学生树立职业理想，增强职业素养，从而助力高等院校实现培育"匠人"的职业教育目标。

教师在指导艺术设计类大学生从自身实际出发，制定合理的职业生涯规划时，要注重培养艺术设计类大学生坚强的意志品质，使艺术设计类大学生做到持之以恒，为其实现自己的职业理想、成为行业"匠人"奠定思想基础。首先，教师应当结合艺术设计专业特点引导学生进行正确的自我审视、自我定位，制定合理的技能证书获取路径、发展路径等方面的规划，同时指导学生利用科学管理方法，将大目标拆分成每个小目标，进而逐步将职业理想的计划具体化、可行化。老师可以要求艺术设计类大学生制定以学期为单位的学习计划，并进行学年度目标考核，针对考核内容对学生的成绩予以评定，使学生在完成子目标的过程中提高学习的获得感，提高学习的主动性与自觉性，增强终身学习的意识并逐渐养成制定计划、坚持计划、完成计划的良好习惯，从而培养学生的耐心与坚守品质。其次，教师可将职场要求纳入大学生创新创业课程内容，使大学生创新创业课程内容具有实用性与前沿性，通过模拟招聘、职业规划大赛等活动增强大学生职业规划运用的可行性，也可以通过优秀校友的现身说法，让艺术设计类大学生逐步了解自身专业领域并明确自身职业选择与发展规划的不足，使艺术设计类大学生增强独立思考、自我学习、自我教育的能力。

4. 通过自我教育夯实"工匠精神"

虽然社会、学校、家庭都是艺术设计类大学生"工匠精神"培育的主动力，但是自我教育、自我学习作为使艺术设计类大学生将"工匠精神"得以内化和外化的根本落脚点，也是非常重要的一环。

(1)唤醒自身主体意识。自我意识偏差是艺术设计类大学生"工匠精神"缺失的因素。唤醒自身的主体意识，是指要对自身有理性的认识。苏霍姆林斯基曾言，人生的真谛在于正确地认识自己，自我教育正是从这开始。所以，艺术设计类大学生应通过他人评价、自我反思以及动手实践等途径不断确认自身所具备的优点以及缺点，分析自己的实力、价值和需求，对自己有一个理性、客观的认识，为自己的发展设定长远的目标。这样一来，学生可以避免因对自己预判错误(如：盲目自信、胆小自卑)而产生消极影响，使自己发扬优点并努力改进自身缺点，从而更有利于接受"工匠精神"的熏陶。

(2)树立正确就业观。思维观念对实践行为有主导作用，那么就业观对艺术设计类大学生的就业行为也会产生重要影响，而艺术设计类大学生作为一个要步入社会的准劳动者，不仅要学习基本的科学文化知识，更要树立合理的就业观念。首先，艺术设计类大学生要精准找到自己的定位，努力发挥出自身优势，在读期间通过各类实习机会与实践机会了解与尝试不同工种的就业岗位，接触社会，积累经验，从而选择出自身向往与擅长的就业方向。除此之外，艺术设计类大学生不仅要把目光投入知名大企业,更要充分考虑到中小型企业的优势所在,不断拓宽自身的就业面,要认清当前就业严峻形势,调整就业期望值,并根据自己的能力调整自己的预期薪资,要明白能力与经验的价值,用"脚踏实地"为自己争取宝贵的就业机会。在合理健康的就业观念的指引下,打消"浮躁心理",更容易看清"工匠精神"的当代价值,并在日常行为中积极地夯实"工匠精神"。

(3)提升自身思辨能力。浮躁的社会氛围以及享乐主义等消极思想的影响对艺术设计类大学生有一定程度的思想冲击,致使部分艺术类学生学习动力不足,学习态度不端正,沉迷于娱乐游戏等。所以对艺术类学生而言,提升自身思辨能力,提升对正确价值观的判断与选择能力是十分重要的。因此,艺术设计类大学生应注重提升自身专业能力与职业素质,除了学校提供的教学途径外,还要通过阅读课外书籍等方式主动学习新知识,不断开阔自己的眼界,突破僵化、固定的思维,认清自己的学习主体地位,挖掘自身潜能,珍惜每一次大学生创新创业大赛、名师讲座、顶岗实习等实践活动的机会,并在其中锤炼自身意志,形成稳定的思想意识,对自己的实践能力、分析能力等进行有效的锻炼,从而不断形成以"敬业品德、实践精神和创新精神"为内涵的"工匠精神"。

(三)探索艺术设计类大学生"工匠精神"培育多种方法

1. 利用实践活动植入"工匠精神"

实践活动是大学生创新创业教育的重要载体,也是"工匠精神"培育的重要环节之一。所以,高等院校艺术设计专业应重视实践活动的积极作用,以实践活动为学校育人抓手,为学生打造展示风采、切磋技艺的优秀平台,使学生在较强的实际情境中通过不断地动手实践而磨炼"工匠精神"。

(1)积极举办大学生创新创业大赛。大学生创新创业大赛对艺术设计类大学生职业素质的塑造与养成具有较强的指导价值。大学生创新创业大赛对学生在专注投入能力、沟通协调能力、团队合作能力、实践创新能力的提升也恰恰是符合"工匠精神"培育的大方向的。所以,艺术类院校要营造以赛促学的活动氛围,积极开展提升学生综合素质的大学生创新创业大赛。艺术类院校要深入分析自身专业发展情况,整合教育资源,加大学生创新创业大赛的政策和经费扶持,建立"学校统筹管理、二级学院具体实施、专业群精准对接"的大赛管理体系;设计培养职业核心能力的赛事项目和内容，实现大学生创新创业大赛项目化、课程化和常态化，做到在实际育人工作中引导学生掌握专业技能；通过高标准、高规范、高质量的技能要求来严格锤炼学生的实践技能，在创新创业技能较量中加快"工匠精神"的实践转化。不仅如此，高等院校艺术设计专业应采取多方位措施增加学生参赛的积极性，对于参赛的学生在学生考核、评优等方面予以适度优先考虑，将大学生创新创业大赛的成绩纳入学校学生管理过程。

(2)积极举办创新创业活动。高等院校要支持举办各类创意设计、创业计划等专题竞赛，为学生提供激发创新创业思维的优质平台。高等院校要支持在校学生成立创新创业协会、创业俱乐部等学生社团组织，设立配套设施，完善创新创业活动角，吸引校内外的优秀创新创业人才和团队入驻，并举办创新创业讲座等实践活动，让学生根据自身的兴趣和爱好选择特定活动课题。在学生组织和优质平台的双重保障下，学生可以更多地了解和熟悉创新创业的一般流程，提高团队合作能力，锤炼心理素质和反思意识，逐渐将"工匠精神"化为内在品质。同时，高等院校应对创新创业实践活动配以相应的指导教师，指导教师要及时对学生进行情绪疏导，并指导学生对竞赛的过程进行回顾和分析，总结比赛经验，反思不足之处，从而提高学生团队的整体竞争力。

2. 利用现代学徒制传递"工匠精神"

"现代学徒制"是将传统学徒招工和现代职业教育思想相融合的校企合作职业教育制度，它的优势在于可以给予学生以"学生与学徒"相结合的双重身份。在"现代学徒制"这种育人模式中，艺术设计类大学生可以身临工作真实情境，时刻检验自己所学到的技能与知识，将理论与实践、学习与工作进行有效整合，从而提升自身的素质，认识到理论知识学习、技能实践操作和职业精神品德等对自身发展的均等重要性。

(1)深化校企合作制度。高等院校要坚持"职业教育校企合作、工学结合"的办学制度，实施现代学徒制人才培养模式，形成企业主导、校企共管的育人态势，共同完成"精工巧匠"的塑造。首先，企业要参与现代学徒制人才培养的全过程，与高等院校共同制定培养标准、专业课程体系，乃至共同研发教学大纲与教材等。其次，企业要确立"工匠师傅"的资格、权利、责任、培训目标与任务等，确保其必须拥有高超扎实的专业技能、资深的行业经历、传授与指导的科学技巧,使学生在师徒制训练下逐渐形成内隐的"工匠精神"、外显的精湛技能。再次,高等院校应与企业进行深度合作,确保学生按顺序在各个时期完成基础技能、专业技能、综合技能、职业技能的实训,将"工匠精神"培育贯穿高等院校创新创业育人始终。最后,要制定融入"工匠精神"的顶岗实习的制度,企业设定融入"工匠精神"的录用标准和实习评价标准,使学生在顶岗实习中的工作状态是否符合"工匠精神"作为参考因素之一,以此勉励学生积极践行"工匠精神"。

(2)发挥企业师傅的育人作用。对于艺术设计类大学生来说,在实际操作过程中深刻地体会到"工匠精神"的内涵是非常重要的,而在这一过程中,企业师傅对学生的引导示范是必不可少的。首先,企业师傅需要用严格的标准对学生进行实践操作指导,将"匠心、匠技、匠道"渗透其中,解决学生不严谨、不科学、不规范、不务实的工作作风,使学生在包含设备检查、机器维护、产品制作等在内的实践步骤中养成精益求精、追求完美的良好习惯。其次,企业师傅需要具备"工匠精神"的显著特征,用人格魅力影响学生,用示范作用带动学生,使艺术设计类大学生在工作态度、职业精神方面均以师傅为榜样标杆并努力向其看齐。最后,企业师傅要对学生进行人文关怀工作,做学生的"贴心人",多站在学生的角度思考问题,了解学生诉求,及时帮助学生解决其在职场生活中遇到的问题,真正发挥企业师傅教书育人的作用。

3. 利用校园文化引领"工匠精神"

艺术设计类大学生创新创业教育中的"工匠精神"培育工作并不是一朝一夕之功,它需要多方合作共同努力,同时,它与长时间的文化渲染也是分不开的,所以要利用好高等院校校园文化优质平台,做到文化育人。

(1)以物质文化加强展示。校园无闲处,处处都育人,将"工匠精神"渗透进校园物质文化建设中可以对学生起到潜移默化的熏陶作用。可以根据本校特点,将产业元素、行业元素、职业元素融入教学楼、实训室、学生宿舍等地点的墙壁与走廊中,体现专业特色和"工匠精神";可以通过校园橱窗、展板、草地标语、灯箱、校报等传统物质媒介,常态化地宣传当今中外工匠型优秀人才的典型事迹和其身上具备的"工匠精神",以榜样作用引领学生追求进步;可以设立优秀工匠的艺术作品展览会,使艺术类学生在参会时知晓一件工匠艺术品的制作过程以及其中蕴含的人文精神。总之,利用校园物质文化展示"工匠精神",就是让学生沉浸于崇尚工匠人文精神的浓郁氛围。

（2）以精神文化升华思想。高等院校的校园精神文化作为一种隐性文化，是在学校逐步的发展过程中形成的核心价值观，是学校最为宝贵的"无形资产"。将"工匠精神"注入校园精神文化，势必会对学校的学术交流、教研科研、社会实践等基本活动产生最本质的影响。所以，高等院校要积极推崇优秀精神品格和道德标准，关注艺术设计类大学生真正的精神生活和内心世界，在学风建设、教风建设中体现"工匠精神"的内涵，用"工匠精神"这种饱满的精神人格帮助学生树立正确的职业理想、职业思维，唤醒艺术设计类大学生的职业意识，从而为未来的职业人生提供无尽的精神能源。

（3）以制度文化加强保障。校园制度文化主要指的是学校的各项规章制度、条例以及其相关执行，包括学校历来的文化传统等，在一定程度上规范着全校师生的言行举止，是使得学校教育职能得以正常运行的重要保障机制。所以，"工匠精神"的培育工作也需要依托于校园制度文化来加以保障，这就要求学校在制定规章制度的过程中，始终牢记"工匠型"艺术设计人才的培育使命，将"工匠精神"视为当代高等艺术设计类大学生必须具备的优秀品质，积极结合专业特色，并将其内涵有效地融入校园制度文化的建设。例如：高等院校可以将"工匠精神"的时代要求融入学生的激励制度、考核评价制度、教育教学制度中，以此激发学生的内在动力，以制度的保障作用推动崇尚"工匠精神"的校园氛围持续生成。

（4）以行为文化彰显内涵。校园行为文化可以理解为师生在创新创业活动过程中展示出来的体现校园文化内涵的行为总和，它是校园文化内涵的外显环节。所以，如何利用校园行为文化来彰显"工匠精神"也是值得考虑的关键。首先，高等院校应注重培养学生的日常良好行为习惯，规范艺术设计类大学生的举止与行为，引导其按照标准完成老师布置的各项学习任务，助力其在行为层面形成严于律己的优秀品质。例如：教师要严格管理学生的出勤行为与迟到早退行为，对偷懒的同学要予以约束；教师要按时收取交代给学生的课业作业，并认真给予客观评价。其次，高等院校对教师的言行进行规范，使教师在教学活动中以榜样示范作用充分地展示与诠释出自身内化的"工匠精神"这一职业品质。

4. 利用网络平台宣传"工匠精神"

当今，"互联网+"信息行业迅猛发展，网络信息技术被普遍应用。在这样的背景下，高等院校大学生足不出户就可以通过手机等电子设备了解到当前国际与国家的重要新闻，可以利用网络平台收看自己感兴趣的各类课程视频，可以通过网络平台发表自己的独特见解并与其他学生们展开交流与讨论。所以，高等院校应积极利用网络平台这一优秀的育人媒介，探索"工匠精神"传播的新模式，从而调动学生的主体意识与参与意识。

（1）积极利用公众号网络平台。高等院校可以利用网络平台创建公众号自媒体，积极利用"工匠精神"课程内容资源，将优秀传统文化中蕴含的育人瑰宝以及我国各行各业涌现的优质"工匠事迹"来定期制作相关优质推送，通过精心排版、美化布局等方式提高推送的质量与吸引力。辅导员在微信、微博等社交平台也要多转载"工匠精神"相关优质推送，以增强日常宣传作用。同时，高等院校也可以利用公众号举办线上"工匠精神"主题征文大赛，鼓励学生执笔发声，讲述"我心目中的'工匠精神'"，将大到飞机火箭、高楼大厦，小到手表钥匙、手镯戒指中体现出的"工匠精神"尽情抒发，并对评选出的优秀作品予以一定的加分或物质奖励。

（2）积极利用微视频网络平台。高等院校可以与网络微视频平台建立合作关系，将"工匠精神"的相关育人内容融入微视频软件中，增设"工匠精神"专题学习板块，定期录制、上传弘扬"工匠精神"的微视频，也可以创设与"工匠精神"相关的微电影、微视频比赛，并依据学生的视频内容、视频转发量、视频点赞量等为考量因素进行优秀作品的评比，这样不仅可以扩大优秀作品的知名度和学生观众覆盖面，也有利于增强艺术设计类大学生自主学习"工匠精神"的本领。

（3）积极利用手机 App 平台。高等院校可以利用手机 App 平台开发"工匠精神"学习的系统，规定学生的网上学习时间的范围，使学生可以在规定时间内自主选择学习时间，可以效仿"学习强国"App 采取积分学习制度，使学生的学习时长及努力程度与学习积分呈正相关，并将积分成果以一定比例体现在最终的考核评比中，以此来激发学生的学习热情与动力，达到弘扬主旋律，传播正能量的教育效果。

在过去，我国大学生创新创业教育历经发展期、低潮期，直至如今在中国特色社会主义新时代经济发展之时、在国家大力提倡的"制造强国"的战略背景下，艺术设计类大学生创新创业教育有了艰巨而伟大的使命——培育出更多的符合时代要求的应用型艺术设计人才。国家领导人多次在重要讲话中提及"工匠精神"，这说明中国的发展需要"工匠精神"，时代正在召唤"工匠精神"。"工匠精神"中蕴含的爱岗敬业的奉献精神、耐心专注的坚守精神、精益求精的专业精神、勇于创新的实践精神，不仅是优秀传统文化内核，更是我国各行各业从业人员应该具备的、当前高等院校艺术设计类大学生应该认同并践行的优秀职业品质。而高等院校作为我国培养高素质技能型艺术设计人才的主阵地，应充分利用好"工匠精神"这一育人素材，多方面、多角度、多元化地开展高等院校艺术设计类大学生"工匠精神"培育工作。

结　　语

不同文化背景下的高校创新创业教育应该有不同的特点和规律，创新创业教育应当遵循国情和传统文化。中国的传统文化中有很多注重"做实事"、注重"创业精神"的有利因子，但也存在很多不利于开展商业或开办企业的因子。因此在既定的文化背景下，我国应该建立自己的高等院校艺术设计创新创业教育体系，形成自己独特的创新创业教育价值理念。具体而言，我国高等院校应该开展以"创新精神"和"创业能力"为核心的广义的创新创业教育，而非急于求成，把目标定位于开展狭义的"创办知名企业"的教育。同时在开展创新创业教育的过程中，要融入社会主义核心价值观、融入我国高等教育育人理念、融入中华优秀传统文化、融入传统的优秀商业精神，在创新创业教育体系构建过程中要实现创新教育与创业教育的融合、创业教育与专业教育的融合、创业教育与"岗位创业"的融合、创业教育与地方经济发展的融合、创业教育与创业型大学建设的融合。

同时，应该将创新创业氛围的营造和学校内部各部门以及和社会各界的协同问题统一纳入高等院校创新创业教育的体系构建之中。在高等院校内部，要建立主导创新创业教育的独立部门，统一调配学校创新创业教育的工作和资源，建立创新创业教育师资选拔、培训、晋升体系，从根本上将创新创业教育系统化，规范化，提高执行效率。政府与高等院校之间，建立正式的艺术设计类大学生创新创业沟通机制，有针对性地解决艺术设计类大学生创业从校园到社会过渡过程中的相关问题，深入落实国家有关艺术设计类大学生的创新创业政策。深入挖掘中华优秀文化传统中有利于创新创业的文化因子，通过继续宣传，将这些文化因子的潜在作用充分发挥，积极营造创业氛围，培养社会对创业价值的认同，并最终形成一个从环境到操作的良性循环。

由于我国与其他国家有不同的文化环境、政治制度、核心价值观、高等教育理念，因此高等院校在设计艺术设计创新创业教育体系时要重视融入我国的核心价值观和高等教育理念，不能简单地把"创业教育"等同于"教育创业"，追求短期培养更多的"大学生企业家"，否则会揠苗助长，破坏大学生自主创业的"自生能力"，丧失其创新创业热情。

在我国传统文化背景下，我国高等院校更应该着重开展广义的创业教育，培养艺术设计类大学生的创新创业精神，高等学校应该担负起把艺术设计类大学生培养成具有良好专业素质和创业能力的创新型艺术设计人才的重任，积极有效地开展卓有成效的艺术设计创新创业教育，通过理论和实践教学经验的积累，逐步建立起一套完善的高等教育体系，不断提高高等教育对稳增长促改革调结构惠民生的贡献度，为建设创新型国家、实现"两个一百年"奋斗目标和中华民族伟大复兴的中国梦提供强大的艺术人才智力支撑。

参 考 文 献

[1]张成龙."设计+"艺术类大学生创新创业理论与实践[M].长春：东北大学出版社，2018.

[2]张成龙."设计+"艺术类大学生创新创业人才培养模式及路径[M].长春：东北大学出版社，2018.

[3]徐静缪.实践型课程的设计与实施[M].上海：复旦大学出版社，2008.

[4]范周，吕学武.文化创意产业前沿——对话：启迪与反思[M].北京：中国传媒大学出版社，2008.

[5]耿丽微，赵春辉，张子谦.高校大学生创新能力培养与创业教育研究[M].成都：电子科技大学出版社，2017.

[6]王万山.创新创业型人才培养及教学方法改革研究[M].江西：江西人民出版社，2008.

[7][美]威廉·拜格瑞.刘世平译.企业家精神[M].台湾：商周出版社，2000.

[8]解伟.江西省高职院校环境艺术设计专业学生职业能力的现状及其对策研究[D].南昌：江西科技师范大学，2016.

[9]何蓉.中国大学生设计创业的创新模式研究——以南京艺术学院为例[D].南京：南京艺术学院，2022.

[10]刘荣.当代中国美术院校的创新创业教育模式探索[D].西安：西安美术学院，2017.

[11]许江.产品设计专业"递进项目驱动式"教学模式研究[D].无锡：江南大学，2017.

[12]何敏.高职艺术设计教育"职场化"实践教学模式研究[D].南京：南京艺术

学院, 2008.

[13] 龚小凤. 后扩招时代高职院校学生综合职业能力培养研究[D]. 上海: 华东理工大学, 2013.

[14] 陈小龙. 基于职业能力培养的高职综合实训课程建设研究[D]. 广州: 广东技术师范学院, 2012.

[15] 王鹏. 高职大学生创新创业大赛现状分析与"四位一体"创新创业教学模式构建研究[D]. 桂林: 广西师范大学, 2021.

[16] 臧夏秋. 创新创业背景下应用型职业人才培养的对策研究[D]. 广州: 东南理工大学, 2017.

[17] 蔡敏成. "创意市集"类型课程的应用——高职高专艺术设计专业实践教学研究[D]. 南京: 南京艺术学院, 2010.

[18] 姜婵. 大学生科研竞赛活动与大学生科研能力培养——基于"挑战杯"的调查[D]. 武汉: 华中师范大学, 2018.

[19] 谢志远. 地方院校艺术设计专业人才培养的思考[J]. 高等农业教育, 2005 (6).

[20] 李坚, 付冬娟, 张朋飞. 英国高校创业教育保障体系的探究及其启示[J]. 现代教育科学, 2013(3).

[21] 荣军, 李岩. 澳大利亚创业型大学的建立及对我国的启示[J]. 现代教育管理, 2011(5).

[22] 房欲飞. 大学生创业教育的内涵及实施的意义[J]. 理工高教研究, 2004 (4).

[23] 程金霞, 黄金发. 基于项目驱动的 TPAT 自循环式实践教学研究[J]. 美术大观, 2016(7).

[24] 李伟. 从艺术与设计的关系看现代艺术设计教育改革[J]. 湖南商学院学报, 2001(11).

[25] 吴爱华, 侯永峰, 郝杰, 占艺, 汪凯. 以"互联网+"双创大赛为载体深化高校创新创业教育改革[J]. 中国大学教学, 2017(1).

[26] 刘晓静, 刘京丽. 高校教师创新能力提升策略探索[J]. 教育探索, 2015 (12).

[27]刘庆梅."DesignThinking"指导下设计专业跨学科双创人才培养研究——以"互联网+大学生创新创业大赛"实践项目为例[J].教育教学论坛,2017(13).

[28]熊飞,邱荒华.中美两国创业教育比较研究[J].北京航空航天大学学报(社会科学版),2005(12).

[29]唐瑾,李迎春.现代职业教育背景下的创业型人才培养模式探索[J].产业与科技论坛,2015(16).

[30]Ghina A. Effectiveness of Entrepreneurship Education in Higher Education Institutions[J]. Procedia—Social and Behavioral Sciences, 2014.

[31]蔡军.论技能型设计教育与研究型设计教育的比较——对当代中国设计教育模式的思考[C].全国工业设计教学研讨会论文集,2004.

[32]伊媛.第三届大学生"双创"大赛启幕增设文化创意服务参赛项目[EB/OL].(2017-03-28)[2023-01-11]. http://m. xinhuanet. com/culture/2017/03/28/c_1120705637. htm, 2017-03-28.

[33]武汉市人民政府关于实施"青桐"计划鼓励大学生到科技企业孵化器创业的意见[EB/OL].(2013-08-12)[2023-03-27]. http://www. whst. gov. cn/Default_686_21206, 1. html.

[34]教育部:2016年起全部高校设置创新创业教育课程[EB/OL].(2015-12-12)[2023-03-19]. http://www. china. com. cn/education/2015-12/12/content_37298833. html.

[35]教育部.关于大力推进高等学校创新创业教育和大学生自主创业工作的意见(教办〔2010〕3号)[Z]. 2015-5-4.

[36]国务院.国务院关于大力推进大众创业万众创新若干政策措施的意见(国发〔2015〕32号)[Z]. 2015-6-16.